균형이라는 삶의 기술

균형이라는
삶의 기술

어떻게 인생의 중심을 지킬 것인가

이진우 지음

ℐNFLUENTIAL
인 플 루 엔 셜

삶을 말하지 않는 시대의 삶의 철학

내가 철학에 관심을 갖고 공부하기 시작한 지난 세기 70년 대부터 지금까지 우리 사회는 항상 선택을 강요했다. 서구 사회에서 오랜 기간에 걸쳐 이룩한 산업화를 단시일에 압축적으로 실현한 우리는 민주화 역시 압축적으로 일궈냈다. 산업화와 민주화 과정이 압축적이었던 만큼 우리 사회는 극단화되었다. 좌파와 우파, 고도성장과 민주화, 평등과 자유 사이에 대화와 타협을 추진할 교량이 아닌 오히려 갈등과 적대감을 부추길 깊은 강이 놓여 있었다. 이 책을 쓰는 지금도 참여민주주의의 상징이었던 광장은 분열되어 사회를 정치적, 문화적으로 갈라놓고 있다.

중도보다는 극단이 훨씬 더 매력적인 사회에서 자신의 삶을 선택하는 것은 결코 쉽지 않은 일이다. 어떻게 살아야 잘 사는 것인가? 어떤 삶이 올바른 삶인가? 특정한 정치 이념을 따르는 사람들은 이 질문에 대한 답을 갖고 있다고 생각하기 때문에 이런 물음조차 제기하지 않는다. 하지만 "현실의 삶을 보지 못하는 이념은 스스로를 조롱거리로 만든다"는 마르크스의 말이 옳다면, 우리는 삶에 대한 물음을 던져야 한다. 삶이 본래 개인의 것이라면, 우리는 저마다 질문을 던져야 한다. 우리에게 선택을 강요하는 집단과 진영 논리가 지배하는 사회에서 삶에 대한 이런 질문을 던지고, 또 삶 속에서 균형을 찾게 하는 것은 바로 철학이다.

철학을 한다는 것, 그것은 사는 법을 배우는 일이다. 철학이 삶과 현실에 아무런 도움이 되지 않는다는 편견이 널리 퍼진 오늘날, 이 말은 상당히 시대착오적인 표현일 것이다. 철학에 호의적인 사람조차 철학적 사상은 추상적이고 비현실적이라는 편견을 가지고 있다. 이 편견에 굳이 반대할 생각은 없다. 반대를 하면 할수록 편견의 뿌리는 더욱 깊어지기 때문이다. 철학이 설령 우리 삶에 실천적인 의미를 갖는다고 할지라도 학문적 이론이라는 점을 부인하긴 어렵다.

우리의 삶과 사회가 분화될수록 철학도 가지를 친다. 정치에 응용하면 정치철학, 예술에 응용하면 예술철학이 되는 것처럼 수많은 철학이 존재한다. 그렇다면 삶에 적용할 수 있는 '삶의 철학'도 있는가?

현실은 언제나 이론을 배반한다. 이론과 현실 사이에는 쉽게 좁혀지지 않는 간극이 있어서 이론은 항상 도움이 되지 않는다는 의심을 받는다. 모든 사람이 서로 다른 것처럼 삶도 그렇기에 삶에 보편적으로 응용할 수 있는 이론이란 존재할 수 없다. 철학이 하나의 이론이라면 삶의 철학이란 말은 모순이다. 그렇다면 철학을 한다는 것은 사는 법을 배우는 것이라는 말이 어떻게 성립할 수 있는가? 삶의 예술로서의 철학이 어떻게 가능한가? 여기서 나는 한때 철학이 바로 삶이었던 고대 그리스 철학으로 되돌아가려 한다. 니체가 말한 것처럼, 그들이 삶을 통해 철학을 했다는 사실만으로 철학을 정당화하던 시대로 돌아가고자 한다. 철학으로 삶을 성찰하고, 삶으로 철학을 살았던 고대 그리스에서 '생각한다는 것은 곧 사는 것'을 의미했다.

그렇다. 철학은 생각하는 것, 삶의 의미를 생각하는 것이다. 앞서 "철학을 한다는 것은 사는 법을 배우는 것이다"라는 말은 프랑스의 사상가 몽테뉴가 "철학자가 된다는 것은 죽는 법을 배우는 것이다"라고 한 말을 살짝 비튼 것이다. 몽테뉴는 키케로를 인용한 것인데, 키케로는 이어서 소크라테스가 사형 선고를 받으면서 한 말을 들려준다. "성찰하지 않는 삶은 살 만한 가치가 없다." 이처럼 고대 그리스 철학자들은 죽음을 성찰하며 삶의 의미를 발견하고, 철학적으로 사색하면서 죽음을 연습했다.

우리 인생은 삶과 죽음의 균형이다. 삶을 이야기한다는 것은 죽음을 성찰하는 것이고, 죽음을 성찰한다는 것은 삶의 의미와 목적을 발견하는 것이다.

우리는 삶에 대한 성찰을 자발적으로 한다고 생각하지만, 그 계기는 대부분 사회적으로 강요되는 경우가 많다. 자기에 대한 관심은 자기 자신의 길을 걸어가려는 욕구와 의지의 자연스러운 경향이지만, 업적과 성공을 절대화하는 현대 자본주의사회는 이러한 경향을 억압하거나 차단한다. 누가 강요하지 않더라도 실패하지 않기 위해 끊임없이 자기를 착취하는 사회에서 자기 성찰은 결코 쉬운 일이 아니다.

우리가 한 번도 경험해보지 못한, 전 세계의 자가 격리를 초래한 코로나19 사태는 어쩌면 억압되고 망각되었던 자기 성찰의 의미를 되살리는 계기가 될지도 모른다. 우리는 강요된 고립을 통해 역설적으로 자기를 다시 발견하고, 무엇이 우리 삶에 의미 있는 것인가를 생각할 수 있는 여유를 가지게 되었기 때문이다. 내가 지금 하고 있는 것이 정말 나의 삶에 필요한 것인가? 내가 살아가기 위해 필요하다고 생각한 것이 정작 좋은 삶, 행복한 삶을 위해서는 중요하지 않은 것은 아닌가? 죽음에 대한 극단적 공포와 불안의 바이러스를 퍼뜨리는 코로나19는 이런 실존적 질문을 제기하는 것처럼 보인다. 삶에 죽음의 그림자가 드리우면 누구나 인생의 목적과 가치를 생각하기 마련이다.

코로나19 사태가 과연 우리를 자본주의적 습관으로부터 해방시킬 수 있을까? 아니면, 전대미문의 세계적 전염병이 자본주의에 내재한 극단의 경향을 오히려 강화하고 가속화할까? 코로나19의 상황에서도 사람들은 죽음을 얘기하지 않는다. 확진자 숫자 너머 죽은 자의 삶을 기억하고 살아남은 자의 삶의 의미를 생각하는 모습은 보이지 않는다. 죽음을 두려워하며 모두 생존과 건강을 얘기할 뿐 죽음에 대해 함구한다. 죽음을 얘기하지 않음으로써 삶에 대해서도 생각하지도 말하지도 않는다.

바이러스가 사라져도 이러한 극단적 경향은 끈질기게 살아남아 맹위를 떨칠 것이다. 마치 우리의 삶에 끝이 없는 것처럼 끝없이 자신을 채찍질하는 극단적 경향이 계속될 것이다. 좋은 집, 훌륭한 직업, 높은 소득, 부와 건강처럼 우리가 '삶에서in life' 얻을 수 있는 것에 집착함으로써 우리가 '삶으로부터out of life' 만들어낼 수 있는 가치와 이야기는 놓치는 것이다.

현대인들은 삶으로부터 특별히 바라는 것이 없는 것처럼 보인다. 우리는 부, 재산, 건강 같은 삶의 수단만을 고민한다. 인간의 욕망에는 끝이 없듯이 부와 재산을 위한 우리의 노력도 한계를 모른다. '더 많이'는 현대인들의 삶을 지배하는 핵심 원리다. 차가 없을 때는 차를 갖고 싶어 하고, 차를 가지면 더 좋은 차를 원한다. "당신은 왜 지금 가진 것에 만족하지 못하고 더 많이 갖고 싶어 하십니까?"라고 물으면, 현대인들은 "더 많은 것이 더 좋은 것이니까"라고 대답할 것이다.

이처럼 한계를 모르는 무한한 욕망을 '극단'이라고 한다. 극단은 멈추는 방법을 모르기 때문에 자동으로 진행되는 무한한 운동이다. 끝까지 가보려는 극단주의자들에게는 사실 끝이 존재하지 않는다. 이익의 효율적 최대화라는 자본주의적 공리에 따라 한계가 없는 자본주의의 극단적 경향 속에서, 무엇 때문에 일하는지 모르면서도 그냥 열심히 일하는 것. 그것이 바로 우리의 모습이다.

이 책은 극단의 시대를 살아갈 수 있는 철학적 지혜를 탐색한다. 끝을 모르는 자본주의의 욕망을 따르는 것만이 극단은 아니다. 멈출 수 없을 만큼 무서운 속도로 질주하는 자본주의 열차에서 뛰어내리려는 사람들도 존재한다. 그들은 작지만 일상의 확실한 행복에 만족하면서 '의미'가 무슨 의미가 있냐고 조소한다. 삶의 중심이었던 가치가 타당성을 상실한 허무주의 시대에 이제는 의미라는 말 자체가 무의미해진 것이다. 사람들은 그저 살아갈 뿐이다. 문제는 가치가 공동화되면 삶이 공허해진다는 사실이다.

이 책은 그 참을 수 없는 삶의 공허와 가벼움을 극복하기 위해선 균형의 힘이 필요하다고 역설한다. 균형을 잡으려면 우리 삶을 정신없게 만드는 극단을 알아야 한다. 극단을 알면서도 극단에 빠지지 않으려면, 모두가 자신만의 삶의 목적을 설정해야 한다. 삶은 나의 것이지 결코 모두의 것이 아니다. 자기 삶의 이야기를 만들려면 결국 자신만의 가치를 가져야 한다. 이 가치는 수많은 극단 속에서 균형을 잡고, 각양각생의 유혹 속에서도 스스로 중심을 잡는 과정에서 발견되고 만들어진다. 삶은 자신의 예술 작품인 것이다.

그렇다면 우리는 어떻게 자신의 삶으로부터 가치 있는 작품을 만들어낼 수 있는가? 이 책은 고대 그리스의 아리스토텔레스와 스토아 철학을 실마리로 이 물음에 답하고자 했다. 책은 크게 4부로 구성되었다. '왜 균형이 필요한가?'를 다루는 1부에서는 아리스토텔레스의 중용 이론을 현대적으로 재해석했다. 여기서 '이론'은 성찰의 계기일 뿐이다. 이론theory은 고대 그리스어 테오리아theoria에서 유래한 것으로 본래 대상을 있는 그대로 바라보는 '관조'를 의미했다. '이론'의 본래 의미대로 여기서는 극단의 시대에 왜 균형이 필요하고, 또 균형이 무엇을 의미하는지를 살펴본다. '지나침'과 '모자람'이라는 극단 사이의 중용을 취하는 아리스토텔레스의 관점은 오늘날에도 여전히 타당하다.

2부는 균형의 방법을 사고와 감정의 영역에서 탐색한다. 우리의 삶과 활동은 생각보다 훨씬 많이 대립의 영향을 받는다. '직관과 추론', '전체와 부분', '능동과 수동', '이성과 감정' 등 서로 대립하는 요소들이 우리를 유혹한다. 학문의 영역에선 어떤 한 방법을 끝까지 밀어붙이는 것이 바람직할 수 있지만, 우리의 삶은 대립하는 양극단을 고려할 것을 요구한다. 슬픔과 기쁨, 쾌락과 고통 같은 감정에 동요하지 않는 평정심을 강조하는 스토아 철학이 시대착오적이라고 여길 수도 있다. 그러나 스토아 철학은 우리의 욕망과 정념을 인정하면서도 자유로울 수 있는 실존의 방법을 제시한다. 우리가 통제할 수 없는 것은 신경 쓰지 않고 통제할 수 있는 것에만 집중하는 스토아 철학은 삶의 예술의 중요한 양식이다. 3부에서는 이를 바탕으로 "우리는 얼마나 일해야 하는가?", "우리는 얼마나 다른 사람과 관계를 맺어야 하는가?", "우리는 얼마나 많은 부가 있어야 행복한가?" 등의 물음에 대답을 시도함으로써 워라밸, 고독, 빈곤 등의 의미를 되새겨보았다.

4부에서는 삶을 하나의 아름다운 예술 작품으로 만들기 위해 고려해야 하는 문제들을 고찰한다. 현대인이 앓고 있는 가장 나쁜 병은 마음의 병이다. 정신없이 사는 것이 마음의 병을 유발한다. 마음이 끌리는 일을 하지 않고 하던 일을 아무런 의미 없이 기계적으로만 수행할 때 우리의 마음은 피폐해진다. 삶의 의미를 생각하지 않고 살아가는 것만큼 마음을 황폐하게 만드는 일도 없을 것이다. 우리는 마음이 있으면 자유롭고, 능동적이고, 자신이 중심이라는 느낌을 갖는다. 그렇지만 마음이 없으면 구속되고, 수동적이고, 배제되었다는 느낌을 갖는다. 우리는 어떻게 삶의 주인이 될 수 있는가? 이 물음에 긍정적으로 답하려면 우리는 다시 삶을 성찰하고, 삶을 이야기해야 한다.

우리 주위의 사물들은 너무나 가벼워졌지만, 우리는 여전히 무겁게 살아간다. 참을 수 없는 삶의 가벼움만큼 무거운 짐도 없다. 이 책이 너무 무겁지 않기를 바란다. 웃으면서 죽음을 얘기하고, 웃으면서 삶을 말할 수 있는 명랑함이 전달되었으면 좋겠다. 이 책이 체계가 없는 것은 아니지만 반드시 차례대로 읽을 필요는 없다. 원하는 곳에서 시작하면 된다. 철학이 너무 진지하고 너무 무겁다는 것도 편견이다. "철학은 명랑함에서 시작해야 한다"는 니체의 말처럼, 삶의 문제를 가볍게 성찰할 수 있는 계기가 되었으면 좋겠다. 삶이 아무리 무겁고 고통스럽더라도 어느 정도 거리를 두면, 삶은 견딜 수 있을 만큼 가벼워지는 법이다. 웃으면서 떠날 수 있는 삶이 '좋은 삶'이라면, 우리는 삶을 두려워할 필요가 없다.

삶을 말하지 않는 시대에 삶을 이야기하는 책을 쓰겠다는 생각이 현실이 되는 과정은 그렇게 간단하지 않았다. 원고 마감일을 정하면 책을 쓰지 않겠다는 나의 말에 "원고는 언제 주시든 상관없어요. 마음 내킬 때 쓰시면 됩니다"라는 출판사의 답변이 돌아왔다. 이 책을 쓰는 과정은 이 말의 무거움을 깨닫는 시간이었다. 무거운 짐을 내려놓아 기쁘다. 오랜 시간 독촉하지 않고 기다려준 인플루엔셜 문태진 대표님과 편집진에게 진심으로 감사의 마음을 전한다.

현실적인 문제를 바라보기 위해 고대 그리스 철학의 정원으로 돌아가는 길은 나의 삶을 돌아보는 귀한 시간이었다. 이 기쁨을 모두와 함께하기를 기대해본다.

2020년 겨울
창리 꽃골 서재에서
이진우

4부 ——— 자기 창조의 방법

1부

극단의 시대,
그리스 철학에게 묻다

○　　상상해보라.
우리 삶의 터전인 지구가 만일
현재 위치보다 조금 더 태양과 가까웠다면 어땠을까?
너무 가깝지도 멀지도 않은 적당한 거리가
삶을 살아가게 한다. 그래서 균형은
삶을 가능하게 만드는 절묘한 거리,
결국 '삶의 문제'다.

1

삶을 가능하게 만드는 절묘한 거리

균형이란 무엇인가

지상에 있는 모든 생명체는 살아가기 위해 균형을 이룬다. 지구를 떠나 살 수 있다고 생각하는 인간조차 균형이 없으면 생존할 수 없다. 우주의 외딴 아름다운 행성에 생명이 존재한다는 것 자체가 균형의 힘 덕택인데, 우리는 이런 자연의 신비를 잊고 산다. 상상해보라. 우리 삶의 터전인 지구가 만일 현재 위치보다 조금 더 태양과 가까웠다면 어땠을까? 지금까지 알려진 바로는 물이 액체 상태로 존재할 수 있는 유일한 행성인 지구의 온도가 너무 높아져 물이 전부 기체 상태로 변했을 것이다. 반대로 태양에서 조금 더 멀어진다면 어떨까? 이번에는 온도가 낮아져 지구상의 물이 모두 얼어버릴 것이다. 지구 중심에서 태양까지의 거리는 1천문단위AU인 1억 4960만 킬로미터, 약 400킬로미터 떨어진 서울과 부산을 37만 4000번 오가는 만큼의 거리다. 지구가 태양으로부터의 적당한 거리, 딱 지금의 위치에 있기에 다양한 생명체가 살 수 있었다.

이처럼 균형은 '삶을 가능하게 만드는 절묘한 거리'다. 너무 가깝지도 멀지도 않은 적당한 거리가 우리를 살게 한다. 그래서 균형은 '삶의 문제'라고 할 수 있다. 균형은 단순히 산술적 의미의 중간이 아니다. 균형은 그렇게 결코 간단하게 이루어지지 않는다. 7과 5의 산술적 중간인 6을 구하기는 쉽지만, 우리 삶은 숫자로 표현할 수 없을 뿐만 아니라 하나의 기준으로는 계산할 수 없을 정도로 복합적이고 변화무쌍하다.

사전에서 정의하는 '균형'은 "어느 한쪽으로 기울거나 치우치지 않고 고른 상태"를 의미한다. 어떤 것이 올바른 균형일까? 어떤 것이 모자람과 지나침 사이의 균형일까?

별을 좇지 않는 '마지막 인간'

가장 최근에 밤하늘을 올려다본 때는 언제인가? 현대인들은 너무 바빠서 자신의 삶을 돌아볼 여유가 없다. 해야 할 일이 끝나기도 전에 눈앞에 닥친 또 다른 일을 처리하느라 시선을 땅에

고정한 채 정신없이 뛰어다닌다. 하늘의 별 한번 쳐다보며 숨 돌릴 겨를조차 없는데, 어쩌다 시선을 하늘로 향하더라도 휘황찬란하게 빛나는 전깃불이 별을 가린다. 19세기의 허무주의 철학자 니체는 이처럼 이상과 희망을 잃어버린 채 살아가는 현대인을 '마지막 인간'이라 불렀다. 그런 현대인에게 삶의 균형에 대해 이야기하는 것은 우주의 신비나 자연의 섭리를 논하는 것만큼이나 진부하게 들릴지도 모른다.

현대인들은 가슴에 그 어떤 별도 품고 있지 않다. 하늘의 별을 보고 감탄하지 않는 사람은 자연의 신비 또한 느끼지 못할 것이다. 우리의 삶도 마찬가지다. 왜 사는가? 우리는 삶으로부터 무엇을 원하는가? 많은 사람이 '좋은 직장에 다니며 멋진 집에서 사랑하는 가족과 함께 행복하게 사는 것'이라고 답할 것이다. 진부한 질문에 따른 진부한 대답이다. 그리고 이 진부한 대답이야말로 우리가 삶 속에서 간절히 원하는 것들일지도 모른다.

우리의 일상은 수많은 목표와 계획들로 꽉 차 있다. 좋은 직장을 갖기 위해 열심히 공부하고, 가족의 안녕과 행복을 지키기 위해 성실하게 일한다. 우리 삶을 지배하는 일상의 목표들은 마치 정해진 것처럼 꼬리를 물고 연쇄적으로 일어난다. 현대인들이 숙명처럼 받아들이는 경쟁은 이 연쇄의 고리를 더욱 강하게 만들어 삶의 목적에 대해 생각할 조그만 틈도 허용하지 않는다.

그러나 삶'으로부터' 무엇을 원하느냐고 묻는 것이 삶 '속에서' 성취하고 싶은 것이 무엇이냐는 질문은 아니다. 그것은 좀 더 넓은 의미에서 삶의 목적이 무엇인가를 묻는 것이다. 누군가 당신에게 삶의 목적이 무엇이냐고 묻는다면 당신은 분명 난감해할 것이다. 대부분이 그렇다. 우리가 살아가는 이 환경이 삶의 목적을 생각하도록 권장하기는커녕 오히려 거추장스럽게 여기도록 만들기 때문이다. 공부할 때는 성적을 올리는 데만 몰두하고, 일할 때는 소득을 늘리는 데만 집착하느라 다른 것은 신경 쓸 시간이 없다. '왜 이렇게 살아야 하는지 모르겠다'고 투덜거리면 '쓸데없는 걱정 하지 말라'는 항상 똑같은 대답이 돌아온다. 자신의 삶을 돌아볼 여지를 주지 않는다. 우리는 삶의 목적을 성찰하는 대신, 단순히 생존하고 있는 셈이다.

'단순 생존'과 '훌륭한 삶의 차이'에 대해 이야기한 고대 그리스의 철학자 아리스토텔레스에 따르면, 살아 있다고 해서 모두 '잘 사는 것'은 아니다. 현대인이 추구하는 '웰빙well-being'처럼 좋은 물질적 조건에서 살아남는다고 해서 잘 사는 것도 아니다. 잘 살기 위해서는 삶의 목적이 필요하다.

마지막 순간에 후회 없기 위해

그렇다면 삶의 목적이란 무엇인가? 우리가 살아가면서 성취한 위대한 업적만이 우리의 삶을 빛나게 만드는 것은 아니다. 처음 글자를 깨우쳤을 때의 기쁨, 두려움을 이겨내고 혼자 여행을 시작했을 때의 뿌듯함, 온갖 유혹을 뿌리치고 열심히 공부해 간절히 원하는 대학에 합격했을 때의 희열 등 우리가 경험한 다양한 일들을 하나로 묶어 일관성 있는 이야기로 만드는 것이 삶의 목적이다. 결국 죽음의 순간에 삶을 되돌아보며 그런대로 잘 살았다고 스스로 말할 수 있도록 하는 것이 삶의 목적이다.

만약 당신이 당장 해야 하는 일만 하다 죽음의 순간을 맞이했다고 가정해보라. 분명 그 순간 당신은 자신의 삶을 허비했다며 후회할 가능성이 크다. 다시 한 번 살 기회가 주어진다면 대부분 그렇게 살지 않겠다고 다짐할 것이다. 아무리 성공한 삶을 살았다고 하더라도 삶이 고단하고 무의미하게 느껴질 위험이 높다. 어쩌면 성공할수록 그럴 위험이 커질 수도 있다. 성공이란 다른 사람이 가치 있다고 평가하는 목표를 성취하는 것이기 때문이다. 타인의 목표를 성취하기 위한 삶은 무수한 헛것에 현혹되기 쉽다. 하지만 다른 사람들이 아니라 내가 가치 있다고 평가하는 목적을 실현하는 것은 다르다. 목적을 추구하는 과정에서 때로는 성공하고 때로는 실패할 수도 있지만, 성공과 실패는 모두 목적을 이루는 과정이기 때문에 나름의 의미를 지닌다. 결국 목적이 있는 사람은 실패의 고통과 경험도 잘 소화한다.

이처럼 삶의 목적은 내가 존재해야 할 이유이자 삶에 의미와 가치를 부여하는 일이다. 내가 과연 잘하고 있는지, 올바른 길을 가는지, 잘 살고 있는지를 가늠하는 척도가 바로 삶의 목적이다. 내가 여기 그리고 지금 존재하는 것이 아무런 의미가 없는 일이 아니라 나름의 뜻이 있는 일이라면, 그 뜻을 찾고자 하지 않겠는가. 우리가 살아가면서 실현하고 싶은 가치가 있다면, 지금 하는 일이 추구하는 가치에 부합하는지 판단하게 된다. 우리의 활동을 목적의 관점에서 끊임없이 평가하는 것이다.

자기만의 '왜'가 있는가

우리는 살아가면서 방황하고 휘청거린다. 너무 빨리 걷는 것은 아닌지, 또 너무 천천히 걷는 것은 아닌지 불안해한다. 이처럼 우리가 혼란스러워할 때 방향을 잡아주는 것이 삶의 목적이다. 그러니까 누군가가 왜 사느냐고 물으면 그냥 웃을 것이 아니라, 왜 그렇게 살고 싶은지 이야기할 수 있어야 한다.

삶의 목적을 가졌다고 해서 모두 그 목적을 실현하는 것은 아니다. 목적을 실현하려면 효과적인 방법과 전략을 갖추어야 한다. 물론 이때의 방법과 전략은 학교나 기업에서 이야기하는 단기적인 목표를 성취하는 방법과 전략하고는 다르다. 공부를 잘하는 방법을 안다고 해서 인생을 잘 살 수 있는 방법을 아는 것은 아니지 않는가.

그렇다면 삶의 목적을 실현하는 방법은 무엇인가? 한편으로는 우리가 매일매일 부딪치는 삶의 문제들 속에서 궁극적인 목적을 찾아내는 예술이며, 다른 한편으로는 수많은 난관과 문제

우리가 경험한 다양한 일들을 하나로 묶어
일관성 있는 이야기로 만드는 것.
죽음의 순간에 삶을 되돌아보며 그런대로 잘 살았다고
스스로 말할 수 있도록 하는 것.

를 만나도 삶의 목적을 실현할 수 있는 방법을 발견하는 예술, 즉 '실존의 예술ars vivendi'이다.

재산을 효율적으로 관리하려면 재정관리 전문가를 찾아 도움을 청하고, 건강을 관리하려면 의사나 전문가를 찾는다. 은퇴 후의 삶을 위해 얼마나 많은 돈이 필요한지, 품위 있는 노후 생활을 하려면 무엇이 있어야 하는지를 조언해주는 전문가도 많다. 그렇지만 삶의 목적을 실현할 수 있는 방법, 실존의 예술을 가르쳐주는 전문가는 존재하지 않는다. 삶의 목적은 사람마다 다르기 때문이다. 지극히 개인적일 수밖에 없는 삶에 일반적으로 적용할 수 있는 규칙은 없다.

왜 사는지를 아는 사람은 어떤 고난도 이겨낼 수 있다.

니체의 이 말처럼, '왜 사는가?'라는 질문에 자신만의 '왜'를 갖고 있는 사람은 자연스럽게 '어떻게'의 문제도 해결할 수 있다. 삶의 방법과 실존의 예술은 자신만의 삶의 목적에 관해 끊임없이 성찰하는 과정에서 만들어진다. 그 과정에서 삶의 여러 분야가 자연스럽게 조화를 이루며 균형을 찾는다. 조화로운 삶의 과정은 그 자체가 균형이다. 목적에 대한 성찰과 목적을 실현하는 방법 사이에 균형이 이루어질 때, 우리는 모두 잘 살고 있다는 감정을 갖게 된다.

삶의 목적도 다르고 살아가는 모습도 제각각이지만, 우리가 살아가면서 부딪치는 삶의 문제들은 대체로 비슷하다. 우리는 어쩌면 동일한 문제를 각각 다르게 해석하고 해결하면서 자신만의 삶을 살아가는지도 모른다. 철학이 시작되었던 2500년 전의 고대 그리스 사회와 첨단 과학 기술이 지배하는 오늘날의 현대사회 사이에는 엄청난 차이가 존재하지만, 사람들이 살아가면서 겪는 문제들에는 큰 차이가 없다. 사람들은 여전히 이성과 감성 사이를 오가며 판단하고, 평화와 전쟁 문제는 아직까지 해결되지 않았으며, 개인적 욕구와 사회적 의무 간의 갈등은 여지없이 우리를 괴롭힌다. 어떻게 이런 현실의 벽을 뛰어넘어 삶의 균형을 이룰 수 있을까? 이는 삶의 목적을 진지하게 받아들이고 진정한 삶을 살고 싶은 사람들이 반드시 던져야 할 질문이다.

문제는 우리가 지금 삶의 목적에 대한 질문 자체를 진부하게 여기고 삶의 균형을 시대착오적인 문제로 치부해버리는 극단의 시대에 살고 있다는 것이다.

2

삶을 허용하지 않는 극단의 시대

일상을 지배하는 극단

우리의 일상을 한번 돌아보자. 우리는 건강을 위해서 동네를 산책하고, 등산을 즐기고, 스포츠센터나 집에서 운동을 하며 바쁜 일상을 보낸다. 하지만 우리는 이 일에 '열광'하지는 않는다. 일상이기 때문이다. 일상에 관심을 갖고 나름대로 열심히 참여하더라도, 반복되는 생활에 열광할 사람은 거의 없을 것이다.

열광이라는 말이 어울리는 것은 한계를 뛰어넘는 익스트림 스포츠 쪽이다. 글자 그대로 조금이라도 잘못하면 파멸을 불러올 수 있는 '익스트림extreme', 즉 극단의 스포츠를 말한다. 스키를 타고 절벽 아래로 뛰어내리고, 아무런 보호 장비 없이 맨손으로 깎아지른 암벽을 오르고, 사막을 달리는 마라톤 대회에 출전하는 등 극한 상황을 넘나드는 모험을 즐기는 것이다.

이는 몇몇의 저돌적이고 무모한 사람이 즐기는 예외적인 스포츠가 결코 아니다. 미국의 스포츠 전문 케이블 텔레비전 네트워크인 ESPN은 매년 익스트림 스포츠 행사인 엑스-게임스 X-Games를 개최하고 중계방송한다. 익스트림 스포츠에 대한 대중의 관심과 경쟁은 상업화로 이어져 이 분야를 엄청나게 성장시켰고, 이 방송사의 마케팅 전략은 익스트림 스포츠를 '익스트림 라이프스타일'과 동의어로 만들었다. 이 회사는 익스트림 라이프스타일이라는 이름으로 '우리가 할 수 있는 것보다 더 많은 것, 더 재미있는 것이 있다'는 믿음을 판다. '더 많은 것the more', '최대의 것the max'이 시장에서 사고팔 수 있는 상품이 된 것이다. 여기에 균형과 절제가 들어설 자리는 없다. 익스트림 스포츠를 후원하는 회사들의 슬로건을 보라. 글로벌 스포츠 브랜드 나이키의 "한번 해보는 거야!Just Do It"나 오스트리아의 에너지 음료 회사인 레드불의 "너에게 날개를 달아줄게Gives You Wings" 등은 하나같이 한계를 뛰어넘을 것을 요구한다. 이들은 모두 극단을 표현하는 기호다.

현대인을 자극하는 것은 극단이다. 현재 우리의 삶과 일상을 철저하게 지배하는 자본주의도 극단의 논리다. 균형과 절제는 시시하게 느껴지고, 어디까지 갈 수 있는지 한계와 극단에 도전하는 체험이 우리를 자극한다.

욕망과 감정의 극단에서

극단은 우리의 욕망과 감정의 세계에도 존재한다. 인간이라는 동물에게 가장 자연스러울 뿐만 아니라 종을 보전하기 위해 필연적인 성적 욕망도 지나침과 모자람 사이에서 방황한다. 한편에는 섹스에 중독된 사람들이 있는가 하면, 다른 한편으로는 섹스리스 부부가 증가한다. 중독은 자신의 의지로 중단하고 싶어도 중단할 수 없는 상태에 이른 것을 의미한다. 정상적인 섹스 대신 포르노에 심취하거나 노출증이나 관음증에 빠지는 것을 멈출 수 없을 때는 중독이라고 할 수 있다. 여기서 중요한 점은 섹스 중독자들이 자연스러운 성적 욕망을 느끼지 못한다는 사실이다. 그들은 욕망을 느끼기도 전에 더 강렬한 자극을 추구하기 때문이다.

이는 비만의 늪에서 빠져나오지 못하는 사람들이 먹는 것을 그만둘 수 없는 것과 같다. 수많은 사람이 여전히 기아로 죽어가는 상황인데도 끊임없이 먹어대는 '먹방'이 세계적으로 인기를 끄는 현상은 '가학적 퇴폐'다. 수백만 구독자를 거느리며 수십억 원의 연간 수입을 올리는 유튜버들은 성인 남성의 하루 평균 칼로리 섭취량의 서너 배가 넘는 고칼로리 먹방을 선보이기

균형과 절제는 시시하게 느껴지고,
어디까지 갈 수 있는지 한계와 극단에 도전하는 체험이
우리를 자극한다.

위해 운동을 하루에 여섯 시간에서 열 시간까지 한다. 우리는 이처럼 더 많은 것을 하도록 강요하는 자극들에 노출되어 있다.

성욕과 식욕은 인간의 가장 대표적인 욕망이자 자연스러운 욕망이지만, 지나치면 삶을 파괴한다. 성욕은 종족 번식을 위해 필요한 것이지만, 동시에 아이에 대한 어떤 관심 없이도 존재한다. 식욕 역시 생존을 위해 필수 불가결한 욕구이지만, 우리 모두 생존과 관련 없는 식탐을 갖고 있다. 그렇기 때문에 욕망이 목적을 잃고 욕망 자체로 절대화되면 그것은 '퇴폐'로 빠지기 쉽다. '식탐'과 '색욕'이 성서에 기술된 일곱 가지 죄악에 속하는 것도 이 때문이다.

그런데 현대 자본주의사회는 이런 욕망을 절대화함으로써 본래의 목적을 잊어버리게 만든다. 음식에 대한 욕구를 자극하기 위해 요리하거나 먹는 광경을 광고나 방송, 블로그, 유튜브 등을 통해 화려하게 보여주는 것을 푸드 포르노food porn라고 한다. 푸드 포르노는 실제로 재료를 준비하고 조리하는 과정은 생략한 채 단순히 음식을 아름답게만 치장한다. 초콜릿이 주르륵 흘러내리는 케이크, 붉은 속살을 드러낸 채 지글지글 익어가는 스테이크 등 푸드 포르노에 사용된 이미지와 동영상들은 시각과 청각을 자극하며 "언제나 음식의 생산 과정을 억압한다."¹ 과거 식탁에 앉아 항상 잘 차려진 맛있는 음식만을 서비스받던 귀족들이 노예의 노동을 망각했다면, 음식을 감각적으로 보여주는 오늘날의 푸드 포르노는 우리를 식욕의 노예로 만든다.

　현대의 뇌과학은 이런 음식 영상과 이미지를 보는 것만으로도 비만을 유발할 수 있다는 사실을 밝혀냈다. 음식 사진이나 영상을 계속 보면 위胃에서 분비되는 식욕 촉진 호르몬인 그렐린ghrelin이 과다 분출되고, 이 호르몬에 반응하는 뇌 부위가 자극을 받아 활성화되면서 계속 허기를 느끼게 된다. 지나친 자극이 욕망을 증폭시켜 과식과 폭식을 유발하는 것이다. 이렇게 과도한 자극에 노출되면, 약물 중독이나 알코올 의존증처럼 영상을 보지 않으면 불안해지는 상태에 놓이게 된다.

　현대인들은 이런 과도한 자극에 일상적으로 노출되어 있고, 과장된 자극은 우리의 욕망을 더욱 부채질한다. 네덜란드 생물학자 니코 틴버겐은 동물들이 짝짓기할 때 자연스러운 자극보다는 과장된 인위적 자극에 더 활발하게 반응하는 '초정상 자극supernormal stimulus' 현상을 발견했다. 예컨대 새들이 알을 품을 때 자기 알보다 훨씬 큰 인공 알을 둥지에 갖다놓으면 그 가짜 알을 품는다. 이처럼 자극을 받는 당사자가 본연의 본성을 잃고 더 강한 자극에 반응해 잘못된 행동을 저지르는 것을 초정상 자극이라고 하는데, 이 현상은 인간에게도 나타난다. 포르노는 상상을 초월하는 환상적인 자극을 통해 성적 욕망을 극대화함으로써 본질적인 사랑을 잊게 만든다.[2] 섹스를 위해 섹스를 하고, 먹기 위해 쉼 없이 먹는 중독의 시대. 무엇이 정상적인 성욕이고, 무엇이 정상적인 식욕인가?

과잉과 풍요의 세대

우리는 지금 정상이 시시하고 진부한 것으로 여겨지는, 다시 말해 정상이 비정상으로 여겨지는 극단의 시대에 살고 있다. 이익의 극대화를 목표로 하는 자본주의는 정상보다 극단을 선호하는 것처럼 보인다. 우리의 욕구를 충족시킬 기회를 최대한 보장할 뿐만 아니라 우리가 추구하는 욕구와 욕망도 최대한 다양하게 만드는 체제가 바로 자본주의다.

독일의 철학자 헤겔이 현대 시민사회를 '욕구의 체계'라고 명명하며 이러한 자본주의의 핵심을 제대로 포착했다. 헤겔에 따르면 자본주의의 논리는 전통 사회의 도덕적 가치를 전도한다. 전통 사회가 무분별한 욕망의 절제를 요청했다면, 현대 자본주의사회는 무한한 욕망의 추구를 권장한다. 과거에 도덕적 악으로 여겨졌던 것들이 자본주의사회에서는 긍정적인 선으로 둔갑한다.

자본주의사회의 핵심 가치는 무엇일까? 바로 돈이다. 부와 재산은 잘 살 수 있는 수단을 넘어 그 자체가 삶의 목적이 되었다고 해도 과언이 아니다. 사람들은 돈이 많은 것을 거리낌 없이 과시한다. 미국의 사진작가 로렌 그린필드는 〈내셔널지오그래픽〉과 〈뉴욕타임스〉, 그리고 다양한 패션 매거진에서 취재 활동을 했고, 이때 모은 사진 작품들을 토대로 기록 영화 〈풍요의 세대Generation Wealth〉를 제작했다. 자본주의가 절정에 이른 시대의 시대정신을 포착한 영화다.

영어 단어 웰스Wealth는 통상 부와 재산을 뜻하지만, 여기서는 '과잉'을 의미한다. 이 기록 영화는 헤아릴 수 없을 만큼 많은 돈을 가졌으면서도 돈에 대한 갈증이 풀리지 않는 사람들을 보여준다. 이들이 미쳐 있는 건 돈만이 아니다. 과도한 소비 지상주의가 여성의 삶과 몸에 어떤 영향을 끼쳤는지도 섬세하게 다룬다. 이 영화 속 인물 누구도 만족을 모른다. 손꼽히는 부자인데도 횡령을 하다 수배범이 된 남자, 더 큰 돈을 벌기 위해 대리모를 자청하는 여자, 그리고 미인 대회에서 우승한 네 살짜리 여자아이조차 자신이 정확히 무엇을 원하는지도 모른 채 남들이 욕망하고 추구하는 걸 그냥 따라갈 뿐이다.

이처럼 부와 재산에 대한 집착, 더 많이 가지려는 탐욕, 누릴 수 없는 것은 없다는 환상이 우리 시대를 지배한다. 과거에는 사람들이 자신보다 조금 더 많이 가진 이웃과 비교하며 부에 대한 환상을 키웠다면, 오늘날의 사람들은 매스미디어에 등장하는 세계 최고의 갑부들을 동경한다. 초등학생조차 수십억 연봉의 유튜버를 동경하고, 사치스러운 소비 생활을 자랑하는 하울haul 영상이 인기를 끄는 현상이 이를 잘 말해준다.

그런데 부가 모든 사람이 갈망하는 가치라면, 그 가치를 과시하는 것이 왜 도덕적 악이란 말인가? 문제는 자본주의사회에서 사람들이 '도가 넘는 사치excesses'를 추구하게 된다는 점이다. 도를 넘는다는 것은 일반적으로 받아들이고 용인할 수 있는 한계를 넘는다는 의미다. 여기서 용인된다는 것은 합당해서 누구나 이성적으로 생각하면 받아들일 수 있다는 뜻이다. 그러나 자본주의의 욕망이 우리로 하여금 끊임없이 도를 넘고 극단을 추구하게 한다면, 우리 스스로 용인할 수 있는 한계를 어떻게 알 수 있단 말인가?

3

우리는 표류하고 있다

자본주의적 라이프스타일

자본주의적 라이프스타일은 이미 전 세계적으로 보편화되었다. 예를 들어 아이폰 신제품이 출시되면 전 세계의 애플 매장 앞에는 조금이라도 빨리 신제품을 구매하려는 고객들이 밤샘 줄 서기를 하는 진풍경이 펼쳐진다. 오늘 뉴욕에서 유행한 다양한 스타일이 내일이면 서울에 들어오고, 얼마 지나지 않아 동남아로 퍼져나갈 것임을 우리는 충분히 예측할 수 있다.

이런 경향 속에서 오랫동안 우리 삶을 지배하던 독특한 지역 문화는 점차 사라지고, 모든 사람이 선망하는 주류 문화가 어느 지역에든 침투해 들어간다. 뉴욕, 런던, 파리, 상하이, 도쿄 그리고 서울은 더 이상 독특한 지역 문화의 중심지가 아니다. 세계를 지배하는 자본주의의 거점들일 뿐이다. 역사와 전통, 언어와 종교, 얼굴과 피부색이 다를지라도 모두가 자본주의의 논리에 따라 극단을 추구한다.

이 같은 자본주의의 스타일을 가장 잘 반영하는 것이 바로 '유행'이다. 독일의 사회학자 게오르크 지멜에 따르면 유행은 두 가지 상반된 특성을 지닌다. 하나는 다른 사람과 구별되고 싶은 '차별화' 경향이고, 다른 하나는 모든 사람이 똑같은 것을 추종하는 '획일화' 경향이다. 예를 들어 최신 트렌드를 바로바로 반영하는 패스트 패션이 유행할수록 상품의 수명은 짧아지고, 사람들은 더 새로운 것을 추구한다. 유명한 패스트 패션 브랜드인 스페인의 자라Zara나 스웨덴의 H&M 같은 회사들은 거리의 욕망을 읽어내 새로운 제품을 생산하는 데까지 걸리는 시간을 단축하려고 애쓴다. 이들 회사는 상품을 디자인해서 생산하고 고객에게 전달하기까지 단 2주밖에 걸리지 않는다고 한다.

대부분의 사람이 아침에 일어나 밤에 잠들 때까지 몸에서 떼어놓지 않는 스마트폰은 사람들을 글로벌하게 연결할 뿐만 아니라 하루 종일 업무에 매여 있게 한다. 과도한 업무 스트레스로 인한 번아웃burnout은 현대를 살아가는 전 세계인의 병이 되었으며, 개인뿐 아니라 가정, 직장, 사회에까지 심각한 영향을 미친다.

이러한 극단의 시대에 삶의 양식인 라이프스타일은 점점 획일화된다. 자본주의는 개인의 개별적인 욕구를 충족해주겠다고 약속하지만 실제로는 모두의 욕구를 획일화할 뿐이다. 개성을 뽐내기 위해 새로 산 옷을 입고 매장을 나서는 순간, 똑같은 옷을 입은 다른 사람들과 마주치는 것이 현실이다. 사람들은 자신의 삶을 스스로 결정할 수 있다고 믿지만, 자본주의 체제에서 개인의 자율성은 점차 줄어든다. 결국 삶의 획일화는 개인의 삶을 파괴할 것이다. 개성을 강조하는 자본주의가 개성을 파괴하는 시대의 역설로 인식되는 순간, 우리의 삶은 문제로 다가온다.

삶의 양극화

자본주의적 라이프스타일을 추동하는 두 가지 경향으로 '세계화globalization'와 '개인화individualization'를 들 수 있다. 세계화는 본래 지구 전체가 하나의 시장이 되어 재화와 서비스가 국경을 넘어 자유롭게 거래되는 것을 의미한다. 자본주의적 자유시장의 확대, 그것이 곧 세계화다. 물론 세계 시장에서 거래되는 것이 경제적 재화와 서비스만은 아니다. 사람들이 가진 사상과 아이디어, 삶의 양식, 다양한 가치들도 동시에 거래된다. 이렇게 거래가 이루어지면서 사람들은 자신이 선망하는 라이프스타일을 모방하고 수용한다.

그러나 모든 사람이 세계화의 혜택을 받는 것은 아니다. 세계인은 세계화의 이익을 얻는 사람과 그렇지 못한 사람으로 양극화된다. 잘사는 나라와 못사는 나라 사이의 경제적 양극화는 사회의 양극화와 맞물려 있다. 소위 선진국 내부에서도 중산층이 붕괴되면서 경제와 사회의 양극화가 심화된다.

한편 중산층의 붕괴는 '잘 사는 것'의 사회적 의미가 붕괴된다는 것을 의미한다. 먼저 중산층의 정의를 살펴보자. 하류층일수록 인스턴트 식품이나 패스트푸드 소비가 증가하고 상류층일수록 건강에 관심을 갖고 헬스나 건강식품 등에 많은 지출을 하는 것처럼, 사회적 공간과 취향 사이에는 연관이 있다는 사실을 발견한 프랑스 사회학자 피에르 부르디외는 사회계층에 따라 생활양식에 "미묘한 차이"가 있다고 주장한다.[1] 중산층의 개념도 마찬가지다. 요즘처럼 소득과 자산의 불평등이 악화하면 사람들은 중산층을 경제적 조건으로만 이해하려는 경향을 보이지만, 일반적으로 중산층은 편안한 삶을 영위할 수 있는 계층을 말한다. 높은 교육과 문화 수준, 안정적인 일자리, 편안한 주거 환경, 충분한 건강보험과 노후 생활 보장 등이 중산층을 결정하는 기준이라고 할 수 있다.

어느 시대, 어느 사회에나 '어떻게 살아야 잘 사는 것인가?'에 관한 공통적인 감각과 이해가 있다. 이런 점에서 중산층은 '잘 사는 삶' 또는 '좋은 삶'에 대한 시대의 취향을 반영한다. 다시 말해 중산층은 삶에 대한 상식과 공통 감각을 대변한다. 그런데 이러한 중산층이 붕괴되면 사회는 단순히 생존을 위해 애쓰는 하부의 빈곤층과, 도를 넘은 사치와 과잉을 추구하는 상부의 부유층으로 양극화된다. 20대 80, 혹은 10대 90으로 대변되는 사회의 양극화는 결국 균형을 잡아줄 중심을 없애버린다.

한편 중산층의 붕괴는 사회적 가치를 계승할 도덕적 중심의 해체를 의미한다. 중산층은 경제적으로만 사회의 허리 역할을 하는 것이 아니라, 사회가 오랜 기간 합당하다고 여긴 삶의 양식을 대변하는 문화적 허리이기도 하다. 중산층은 더 많은 부를 추구하면서도 동시에 빈곤한 사람들이 겪는 고통을 공감하고 연대하는 계층으로서, 사회의 상부와 하부를 연결하여 오랫동안 지속될 수 있는 사회적 가치를 만들어간다. 전후戰後의 사회적 가치를 물질 중심에서 탈물질적 가치로 전환한 '68운동'이 중산층 출신의 학생들에 의해 이루어졌다는 사실은 매우 시사적이다.

이런 중산층이 없다는 것은 모두가 하나의 가치를 위해 살아간다는 의미다. 하류층은 빈곤에서 탈피하고 생존하기 위해 경제적 가치를 추구하고, 가진 사람들은 더 많이 갖기 위해 경제적 부를 추구한다. 돈이 모든 것을 결정하는 것이다. 이처럼 배금주의가 철저하게 내면화된 자본주의사회에서 '함께 잘 살기'는 공허한 구호에 불과하다.

윤리적 무력감

'어떻게 살아야 잘 사는 것인가?'는 본래 윤리적인 질문이었다. 이 질문에는 경제적 부가 결코 행복한 삶을 보장하지 않는다는 인식이 깔려 있었다. 그러나 이제 이 질문은 경제적으로만 이해되어, '잘 산다'는 것은 '부유하게 산다'는 것을 의미하게 되었다. 결국 '어떻게 살아야 잘 사는 것인가'라는 질문은 '어떻게 부를 이룰 수 있는가'와 동의어로 여겨지는 것이다.

그동안 전통 사회를 받쳐주었던 도덕적 가치와 사회적 구조는 허물어진 지 오래다. 유가적 가치는 조롱거리가 되고, 새로운 가치는 형성될 기미를 보이지 않는다. 세계화와 개인화의 경향은 자본주의적 라이프스타일을 보편화함으로써 윤리적 질문을 진부하고 무의미하게 만든다.

여기서 개인화라는 개념을 조금 더 엄밀하게 살펴보자. 개인화는 사회가 분화되면서 개인이 행위의 주체로 등장하는 현상을 말한다. 나의 삶을 결정하는 것은 나다. 내가 어떤 능력과 자질을 가졌는지 잘 아는 사람도 나고, 내가 어떤 삶을 살고 싶은지 고민하는 사람도 나고, 꿈을 실현할 방법을 결정하는 사람도 나다. 좋은 삶이란 무엇인가? 어떻게 하면 잘 살 수 있는가? 왜 나는 좋은 삶을 살 수 없는가? 개인화는 모든 개인에게 이 같은 질문에 개별적인 답을 요구한다. 이런 개인화 경향은 표면적으로는 자본주의적 라이프스타일에 대항할 수 있을 것처럼 보인다. 모든 사람이 저마다의 삶을 살 수 있다면 자본주의의 획일화에 그것만큼 확실하게 대항할 수 있는 힘도 없을 것이기 때문이다.

도덕적 개인주의는 가치를 개인의 주관적인 문제로 만든다. 모든 개인이 자신에게 무엇이 좋고 나쁜지를 인식할 뿐만 아니라 자신의 가치를 실현할 정당한 권리를 갖고 있다면, 오랜 역사를 통해 형성된 공동의 가치는 점점 퇴색할 수밖에 없다. 개인의 취향과 가치를 중시하는 개인주의가 널리 퍼질수록 전통적인 유가적 가치가 붕괴하는 것은 이 때문이다.

그러나 저마다 다른 가치들을 가졌더라도, 모든 사람이 인정하고 동의할 만한 최소한의 공동의 가치는 있어야 한다. 문제는 자본주의적 삶이 이러한 공동의 가치를 쉽게 허용하지 않는다는 것이다. 우리의 삶을 결정하는 것은 경제적 가치와 논리이며, 현실적으로 우리는 모두 '마감deadlines'에 쫓긴다. 특정한 시간까지 과제를 완수해야 한다는 자본주의적 시간 경영이 우리에게 생각할 여유를 주지 않는다. 우리는 삶을 스스로 결정할 수 있다고 착각하지만, 우리의 삶을 지배하는 것은 촘촘하게 엮인 스케줄이다. 결국 우리는 '어떻게 살아야 할지 모른다'는 윤리적 무력감에 빠진다.

열심히는 사는데 무엇 때문에 사는지는 모르는 삶의 공황 상태. 자본주의적 라이프스타일이 널리 퍼질수록, 삶의 내용은 고갈되어간다. 그리고 이런 역설적인 현상이 심화될수록 사람들은 '어떻게 살 것인가?'라는 질문을 더 많이 던지게 된다. 현대 철학에 지대한 영향을 미친 니체와 푸코로부터 스토아 철학을 거쳐 고대 그리스 철학으로 되돌아가는 '삶의 예술'이 다시 우리의 문제가 된 것이다.

고대 그리스에서는 철학 자체가 '삶의 예술art of living' 또는 '삶의 기술techne tou biou'로 이해되었다. 윤리와 철학은 '어떻게 하면 잘 살 수 있는가?'라는 실존적인 물음에 대한 대답이었던 것이다. 그러나 현대 자본주의사회는 이 물음을 오해해 오직 경제적으로만 축소했기 때문에 삶의 예술이라는 윤리적 개념이 왜곡되고 배제된다. 자본주의적 라이프스타일은 우리에게 잘 살 수 있는 윤리적인 방법을 말해주지 않으며, 자본주의 논리는 결코 '진정한 개인의 삶'을 허용하지 않는다. 자본주의는 우리의 욕구를 충족할 다양한 물품을 살 수 있는 경제적 자유는 허용할지 모르지만, '진정한 삶'에 필요한 정신적인 여유와 자유는 제공하지 않는다. 물질적으로 여유로운 사람들이 과연 정신적으로도 여유로울까? 우리는 여기에 쉽게 그렇다고 대답할 수 없다.

다시, 그리스 철학에 묻다

삶의 예술은 긴박한 시대적 도전이 되었다. 모든 사람에게 적용할 도덕법칙에 대한 회의가 지배적인 상대주의 시대에는 극단의 흐름에 휩쓸리지 않도록 자신만의 중심을 잡아야 한다. 우리가 일상에서 해결해야 할 문제는 결국 자신의 문제이기 때문이다. 우리는 삶을 시장에서 상품을 고르듯이 선택할 수 없다. 삶의 예술은 '이것인가 아니면 저것인가?' 하는 선택의 문제가 아니다. 분별 있는 행복한 삶을 위해 결정해야 하는 것은 '지나친가 아니면 모자란가?' 같은 정도의 문제다. 너무 많이 일하는 건 아닌지, 나를 위한 시간은 얼마나 가져야 하는지, 어느 정도의 부를 원하는지 등 개인의 삶과 직결된 모든 문제는 결국 정도의 문제다.

그렇다면 이러한 균형을 지키려면 어떤 노력이 필요할까? 최소의 비용으로 최대의 이익을 얻으려는 극대화의 논리가 몸에 밴 우리가 과연 어떤 방법으로 자신만의 균형을 찾아나갈 수 있을까? 박제되어 박물관에서 먼지를 뒤집어쓰고 있는 골동품 같은 말, 현실적인 의미는 사라져버린 죽은 언어, '균형'이라는 가치에 어떻게 다시 생기를 불어넣을 수 있을까.

극단의 시대에 삶의 균형을 찾기 위해, 중용과 균형 이론을 발전시킨 아리스토텔레스를 만나보자. 많은 사람이 이 이론의 실천적 효용을 의심하지만, 아리스토텔레스의 균형 이론은 '어떻게 하면 잘 살 수 있는가?'라는 실존적이고 실천적인 질문에 여전히 타당한 답을 전해준다. 그의 균형 이론은 간단하다. 과도와 결함, 지나침과 모자람은 피해야 한다는 것이다. 살아가면서 어떤 일을 하건 어떻게 느끼건, 잘 살기 위해서는 너무 지나치거나 너무 모자라게 해서는 안 된다는 것이다.

간단해 보이는가? 아주 간단하지만 실천하기는 어려운 것이 지나침과 모자람 사이에서 균형을 잡는 일이다. 사람들이 균형을 진부하고 시시하게 생각하는 까닭도 이것인지 모른다. 상식이란 바로 모든 사람이 알고 있지만 실천하지 못하는 것. 균형을 잡아야 한다는 사실은 상식으로 충분히 알고 있지만, 균형을 잡을 수 없기 때문에 균형을 공허한 것으로 생각하는 것이다.

경제적 부만을 추구하는 자본주의적 삶은 '아무리 바쁘더라도 나와 가족을 위해 얼마만큼의 시간을 쓸 것인가?' 같은 질문조차 허용하지 않는다. 이 질문에 답하려면 자신만의 삶의 목적을 가져야 한다. 삶의 목적을 가질 때만 매 순간 부딪치는 문제들을 목적의 관점에서 해석하고 해결할 수 있기 때문이다. 삶의 목적은 내가 평생에 걸쳐 이루고 싶은 삶의 모습이다. 목적이 있어야 삶의 균형을 이룰 수 있기에 삶의 예술은 근본적으로 '균형의 예술'이다.

아리스토텔레스는 균형을 지나침과 모자람의 중간이라고 정의한다. 자본주의적 삶의 예술을 복원해줄 길잡이로서 아리스토텔레스의 '중용론doctrine of the mean'은 더 이상 진부하거나 공허한 이론이 아니다. 삶의 행복이 여전히 삶의 목적이나 의미와 연관이 있다면 말이다.

4

그리스 철학으로 돌아가다

삶을 창조하는 철학

철학의 다양한 분야 가운데 '어떻게 살아야 하는가?'라는 실천적인 문제를 다루는 학문은 윤리倫理다. 행위의 옳고 그름을 이론적으로 판단하는 학문이 바로 윤리학이다. 윤리학은 어떤 행위가 옳은지, 또 적절한지를 판단할 수 있는 기준을 제시한다.

물론 행위의 기준을 제시하는 보편적 근원이 다양하기 때문에 구체적인 현실에서 우리는 종종 도덕적 딜레마에 빠지기도 한다. 분명하게 받아들이거나 선호할 수 없는 두 원칙이 충돌할 때, 우리는 도덕적으로 갈등한다. 원치 않는 임신을 한 여성이 있다고 가정해보자. 생명의 관점에서 보면 아이를 낳아야 하지만, 그로 인해 엄마의 삶이 불행해질 수 있다는 공리적 계산의 관점에서는 아이를 지워야 한다.

여기서 중요한 점은 행위의 옳고 그름을 판단하는 수많은 윤리 이론을 안다고 해서 반드시 잘 살 수 있는 지혜를 갖춘 것은 아니라는 사실이다. 삶은 실천하는 것이지 결코 이론이 아니다. 따라서 삶의 목적과 의미를 성찰하는 철학 역시 이론적이기보다는 실천적이어야 한다.

철학이 이론적인 학문이라는 오해가 굳어진 오늘날, 사람들은 철학적 이론을 구체적인 문제와 분야에 응용하는 것이 실천이라고 생각한다. 가령 윤리학의 이론을 경영 문제에 적용한 '기업 윤리'나, 의료 문제에 응용한 '의료 윤리'를 실천이라 믿는 것이다. 그러나 이러한 응용 윤리들 역시 적용 분야가 고도로 복잡해질수록 결국은 적용 분야의 전문 지식에 흡수될 뿐, 해당 분야 전문가들의 삶의 양식에 관해서는 아무런 말도 하지 않는다.

이와 반대로 고대 그리스인들이 이해했던 철학과 윤리는 결코 삶과 겉도는 이론이 아니었다. 뒤에서 다시 다루겠지만, 윤리를 뜻하는 고대 그리스어 에토스éthos, ἦθος는 일관된 삶의 과정에서 형성되는 '성격character'과 관계가 있다. 여기서 성격을 만드는 것 또한 삶의 구체적 실천이지 이론이 아니다. 근대 철학자

칸트는 플라톤의 얘기를 전하면서 이미 이런 문제를 꿰뚫어보았다.

> 덕에 관한 일련의 강의를 듣고 있다고 말하는 노인에게 플라톤이 물었다. 당신은 언제부터 도덕적으로 살기 시작하려 하는가? 사람은 오랜 시간 단지 곰곰이 생각만 해서는 안 된다. 사람은 어느 날 실제로 실천하는 것에 관해서도 생각해야 한다. 그런데 오늘날 우리는 가르치는 대로 살아가는 사람들을 몽상가라고 생각한다.[1]

칸트는 이론에 집착하는 현대 철학이 '어떻게 살 것인가'에 관한 이론과 실천을 조화하는 데 실패했다고 보았다.

여기서 우리는 동의어로 사용되는 '도덕'과 '윤리'를 분리할 필요가 있다. 도덕道德이 행위의 옳고 그름을 판단하는 규범이라면, 윤리는 삶의 목적과 의미를 성찰하는 도리다. 가능한 한 약자의 입장을 배려하며 살아야겠다고 생각한다면, 그것은 개인이 설정한 목적과 가치와 관련된 윤리 문제다. 이런 삶을 선택한 것이 마더 테레사 같은 이의 말과 삶에 깊은 감동을 받았기 때문일 수도 있다. 그러나 남을 배려한다는 명목으로 자신의 삶을 희생하는 것이 과연 옳은가는 도덕적 판단의 문제다. 어떤 경우에도 삶을 해치는 것은 도덕적으로 옳지 않은 일이기 때문이다.

현대성을 혹독하게 비판한 니체가 《비극의 탄생·반시대적 고찰》에서 예리하게 지적한 것처럼, 요즈음 대학에서는 "철학에 따라 살 수 있을지를 검증하는 철학 비판"을 가르치지 않고 "오직 말에 대한 말의 비판"[2]만을 가르친다. 그러나 철학이 탄생했던 고대 그리스에서 윤리는 삶의 예술이었다. 고대 그리스로 돌아가 윤리를 복원하려고 했던 프랑스의 철학자 미셸 푸코는 고대 그리스인들의 핵심 주제가 "실존의 미학aesthetics of existence"[3]이었다는 점을 강조한다. 처음 탄생했을 때 철학은 단순한 이론 이상의 것이었다. 고대 그리스인은 자신들이 배운 것을 곧바로 삶으로 실천하고자 했다.

철학의 쓸모

기원전 5세기 그리스의 학자들은 소피스트sophist라고 불렸다. '지혜sophia'를 가진 사람, 곧 지식인이라는 뜻이다. 이들은 소송 같은 분쟁에서 이기는 유용한 방법이라며 지식을 팔았지만, 스스로 그 지식을 실천하지는 않았다. 이들이 오늘날 말과 행위가 다른 궤변론자로 불리는 까닭이다.

이때 등장한 소크라테스는 삶을 통해 실현할 수 있는 가치와 지혜를 추구한 '최초의 철학자'였다. 여기서 철학자란 소피스트와는 달리 스스로 지식을 갖추었다고 떠벌리기보다는 '지혜를 사랑하면서philo-sophia' 지혜를 실천하려고 노력하는 이를 일컫는다. 니체가 "그리스인들이 철학을 했다는 사실을 통해 단번에 철학 자체를 정당화했다"고 말한 것은 이 때문이다.

수많은 이론이 난무하는 현대사회에서 우리가 잘 살기 위해 필요한 것은 삶의 목적과 의미를 검토하고 삶으로 실천할 수 있게 하는 철학이다. 니체는 그리스 비극 시대의 철학을 되돌아보며 이렇게 되새긴다.

건강한 사람은 철학을 필요로 한다.[4]

니체에 따르면 어떻게 살지를 고민하면서 매일매일 자신의 삶을 검토하는 사람은 철학하는 사람이자 건강한 사람이다. 다시 말해 삶의 의미를 생각하지 않는 삶, 사유 없는 삶은 병든 삶이라는 것이다.

우리는 때가 되면 일어나고, 회사에 나가 일하고, 집에 돌아와서 휴식을 취한다. 모든 일이 꼬리에 꼬리를 물듯이 자동으로 일어난다. 우리는 그것을 반드시 일어나야 하는 필연으로 여긴다. 그러나 철학은 불편하다. 따지고, 검토하고, 의심하고, 회의하는 철학적 질문은 일상의 쳇바퀴를 흔들어놓는다. 그렇기에 누군가에게 철학은 매일 자동적으로 굴러가는 삶에 걸리적거리는 돌부리로 여겨질 뿐이다.

그러나 자동화된 일상은 우리에게 편리함을 줄지언정 자유

나의 삶을 통해 실현하고 싶은 '좋은 것'은 무엇인가?
이 질문은 삶의 예술의 출발점이다.

를 가져다주지는 않는다. 철학 없는 삶은 단순한 생존용 자동화 기계일 뿐이다. 우리의 삶에 목적이 없으면 생각할 필요도 없고, 자유도 없다. 일만 열심히 하는 사람은 갑작스럽게 자유 시간이 주어지면 어찌 할 바를 모른다. 목적이 있어야 자유도 의미가 있는 것이다.

고대 그리스인들은 덕성을 키워가는 능력과 과정을 통해 행복한 삶을 추구할 수 있다고 믿었다. 그렇다면 여기서 한 가지 질문을 던져보자. '무엇이 행복인가?' 우리가 원하는 행복은 사람들의 수만큼이나 다양하므로, 이 질문에 일반적인 대답을 할 수는 없을 듯하다. 분명한 것은 삶의 목적이 '행복'이라고 전제한다면, 삶의 목적을 생각하지 않고는 행복을 실천할 수 없다는 점이다.

아리스토텔레스가 윤리학의 내용을 체계적으로 정리한《니코마코스 윤리학》의 첫 문장을 한번 살펴보자.

모든 행위와 선택은 어떤 좋은 것agathon, 善을 목표로 한다.[5]

어떤가? 만약 우리 삶이 추구하는 목적이 좋은 것이라면, 그것은 행복이라 불릴 수 있다. 나의 삶을 통해 실현하고 싶은 '좋은 것'은 무엇인가? 이 질문은 삶의 예술의 출발점이다. 한 가지 고려할 점은 우리가 스스로 좋은 목적을 설정하고도 생각대로 실천하지 못하는 경우가 있다는 것이다. 이는 대체로 우리의 감정과 정념 때문이다.

어떤 문제에 대한 우리의 지각과 판단은 감정적인 동시에 이성적이다. 우리가 이성적으로 옳다고 생각하면서도 올바로 실천하지 못하는 것이 감정 때문이라면, 감정 자체는 비이성적인 것으로 여겨질 수 있다. 그렇지만 감정은 때때로 사태를 이성보다 훨씬 정확하게 파악할 수 있다. 또 감정 자체가 고유한 이성을 가질 수도 있다.

이성적인 성향이 강한 사람도 감정이 있고, 감성적인 성향을 지닌 사람이라도 비이성적인 것은 아니다. 오히려 감정 없는 이성은 공허하고 이성 없는 감정은 맹목적이다. 건강한 삶은 분명 이성과 감정의 균형을 요구한다. 그래서 고대 그리스로 돌아가 삶의 예술로서의 철학을 복원한다는 것은 동시에 감정과 정념의 의미와 역할을 재평가한다는 뜻이다.

5

삶은 성격과 감정을 조각한다

삶은 흔적을 남긴다

로마의 노예 출신이자, 로마 황제 아우렐리우스의 스승으로 알려진 스토아 철학자 에픽테토스는 삶을 조각에 비유했다. 누가 삶을 창조하는 조각가인가? 어떻게 자기 삶의 주인으로 살 수 있는가?

모든 사람이 자신의 삶을 스스로 만들어갈 수 있는 정신적인 자유를 가졌지만, 많은 사람이 삶의 주인이기보다는 노예로 살아간다. 삶의 노예가 된다는 것은 자신을 정신적으로 자유롭지 못하게 얽어맨다는 의미이며, 안타깝게도 이는 스스로 자초한 일이다.

　자신이 삶의 주인이 되기도 하고 노예가 될 수도 있다면, 우리 자신과 함께 삶을 만들어가는 것은 어쩌면 삶 자체인지도 모른다. 삶은 어떤 때는 부드러운 손길로 세심하게 우리를 어루만지고, 어떤 때는 혹독한 시련으로 우리를 단련한다. 사실 우리는 삶을 통해 자신이 되어간다는 것을 알고 있다. 어떤 사람은 잘 조각된 모습으로 나타나고, 어떤 사람은 거칠고 교양 없는 모습을 띠기도 한다. 우리가 살면서 품은 동경과 이상, 경험했던 만남과 실망과 고통 들이 그런 조각품을 만들어낸 손길이었음이 분명하다.

　삶은 조형하는 힘을 갖고 있다. 특히 성격이 드러나는 얼굴에는 삶의 모든 것이 새겨져 있다. 예를 들어 어떤 사람에겐 늘 미소를 짓는 것 같은 입 모양을 만들고, 어떤 사람에게는 미간을 찌푸린 듯 두 눈썹 사이에 깊은 주름을 파놓는다.

　성격은 개인이 가진 고유한 성질이나 품성이며, 동시에 어떤 사람이 특정한 행동 행태를 보이게 하는 개인의 독특한 심리적 체계이기도 하다. 성격은 어떤 사람이 자신과 다른 사람들, 그리고 주위 환경에 어떻게 반응하고 대응할 것인가를 결정한다. 반대로 오랜 시간 자신과 다른 사람을 일정한 방식으로 대하지 않으면 이런 일관성, 성격을 갖지 못한다. 결국 어떻게 사느냐가 성격을 결정짓는 것이다.

다시 말해 성격은 삶의 예술 작품이다. 어떤 사람은 삶을 통해 좋은 성격을 갖게 되지만, 어떤 사람은 나쁜 성격을 갖는다. 그런데 좋은 성격과 나쁜 성격을 어떻게 구별할 수 있을까? 단순하다. 행복한 삶을 산 사람은 좋은 성격을 드러내고, 불행한 삶은 나쁜 성격으로 표현된다.

성격이 좋은 사람도 불행한 삶을 사는 경우가 많다고 반문할 수 있다. 하지만 그때 말하는 불행은 대체로 외면적으로 드러나는 물질적인 조건에 불과하다. 일찍이 부모를 여의고, 하는 일에 실패하고, 건강이 갑자기 나빠지는 불행한 환경에서도 사람들은 최선을 다해 좋은 결과를 이끌어내려고 노력한다. 여기서 좋은 결과란 두말할 나위 없이 '잘 사는 것'이다. 그렇게 하나하나의 모든 일에 최선을 다하는 것이 습관이 된 사람은 겉으로 드러난 조건이 아무리 불행해 보일지라도 행복할 수 있다. 좋은 성격은 불행을 대하는 태도와 연관되어 있기 때문이다. 따라서 좋은 성격을 가진 사람이 행복한 것은 지극히 당연한 일이다. 최선의 삶이 곧 행복이기 때문이다.

행복이라는 습관

'행복'으로 번역되는 고대 그리스어 에우다이모니아eudaimonia는 '좋다good'는 뜻의 에우eu와 '정신spirit'을 의미하는 다이몬daimon의 합성어다. 고대 그리스인들에게 행복은 '잘 사는 것eu zen', '잘 실천하는 것eu prattein'과 동의어였다. 그리스 철학에서는 행복한 사람은 삶을 통해 잘 실천한 사람이며, 평생 일관성 있게 실천을 잘한 사람은 좋은 성격을 가질 수밖에 없다고 말한다. 그리스 철학에 따르면, 성격 좋은 사람도 불행한 삶을 살 수 있다는 말은 논리적 모순인 셈이다.

실천을 잘한다는 것. 그 말은 자신이 하는 일에 탁월하다는 의미다. 피아노 연주를 잘하는 사람은 탁월한 피아니스트이고, 축구공을 잘 다루는 사람은 탁월한 축구 선수이며, 수의 논리에 능통한 사람은 탁월한 수학자다. 모두가 각자의 분야에서 최선을 다해 '실천'하려고 한다. 이때 실천이 지향하는 목표는 바로 '선the good'이다. 이런 사실은 영어 표현에서도 잘 나타나 "I am good at German(나는 독일어를 잘한다)"처럼 무엇을 잘한다고 표현할 때 관용적으로 'good at'을 사용한다.

우리는 살아가면서 수많은 활동을 한다. 하지만 우리가 하는 모든 활동에서 탁월할 수는 없다. 모든 특수한 활동에는 우리가 그것을 잘하는지 또는 잘못하는지를 평가하는 기준이 있다. 그렇다면 다양한 활동과 실천으로 구성된 '삶'을 판단할 수 있는 기준은 도대체 무엇인가? 피아노를 잘 치고, 축구를 잘하고, 어려운 수학 문제를 잘 푸는 것은 이해할 수 있는데, '잘 산다'는 것은 대체 무슨 의미인가?

우리가 행하는 모든 일의 궁극적인 목적으로서 선이 있다면,

당연히 우리의 삶에도 추구해야 할 최고의 선이 있을 것이다. 아리스토텔레스에 따르면 최고의 선은 행복이다. 행복은 개개의 실천이 추구하는 모든 선 가운데 최상의 선이다. 행복은 가장 좋고, 가장 고귀하고, 가장 즐거운 것이다.

그런데 행복은 오직 좋은 삶을 통해서만 실현된다. 물론 외적인 조건도 필요하다. 좋은 가정에서 태어나면 궁핍한 가정에서 태어난 것보다 행복할 가능성이 높다. 많은 교육을 받고 준수한 용모를 가졌다면 그렇지 않은 사람보다 나을 것이다. 삶을 함께할 소중한 동반자가 있는 것이 혼자 사는 것보다 행복할 수도 있다. 좋은 태생, 훌륭한 교육, 빼어난 외모, 부유한 살림이 행복한 삶에 도움이 될 수 있다. 하지만 이 모든 것이 행복의 충분조건은 아니다. 그 사례는 굳이 찾아보지 않아도 우리 주변에 차고 넘치지 않는가.

행복은 오로지 '잘 사는 삶'을 통해서만 실현된다. 돈이 많다고 잘 사는 것도 아니고, 건강하다고 잘 사는 것도 아니다. 매일매일 모든 일에 최선을 다하며 최상의 예술 작품을 빚어내려는 태도로 삶에 임할 때, 행복을 실천하는 것이다. 행복은 상태가 아니라 과정이다. 그렇기 때문에 아무리 행복해 보일지라도, 순진무구한 어린아이는 결코 행복한 사람이 될 수 없다. 아직 어려서 삶을 충분히 경험하지 못했고, 삶을 실천할 기회 또한 적었기 때문이다. 다만 어린이가 행복해 보이는 것은 잘 살 수 있는 기회가 주어졌다는 희망 때문일 것이다.

삶에 만족하면서 최선을 다하는 사람에겐 선을 실천할 수 있는 능력이 생긴다. 아리스토텔레스는 행복을 가져오는 성격적 덕성은 습관을 통해 완성된다고 말한다. 어떤 일을 할 때마다 내가 '무엇을 위해' 이 일을 하는지 생각하는 습관을 들이면, 자연적으로 좋은 성격을 갖게 된다는 것이다. 일정 기간 동안 최선을 다해 반복적으로 실천함으로써 일관성 있는 성격이 형성되면, 언제든 최고선인 행복을 실현할 수 있다.

습관의 진정한 의미

현대 자본주의사회는 어떤 행위를 익히고 습관화하기도 전에 이미 다른 행위를 강요한다. 그 안에서 습관은 피상적이고 말초적인 행위로 전락한다. 정해진 시간에 일어나서 정해진 시간에 일터에 나가 정해진 일을 하고, 시간이 되면 퇴근해서 집에 돌아오는 것은 스케줄이다. 스케줄은 결코 습관이 아니다.

앞서 말했듯, 습관을 뜻하는 고대 그리스어는 윤리의 어원인 '에토스'다. 습관이 윤리적 덕성을 결정한다는 의미다. 아리스토텔레스가 말하는 행복, '에우다이모니아'의 전제 조건은 생각하고 실천하는 습관이다. 생각하지 않는 사람은 행복할 수 없다. 맞닥뜨리는 문제들을 스스로 판단하지 않고는 그것이 우리 삶에 좋은 것인지 나쁜 것인지 알 수 없는 법이다. 그런데 이 실천적 판단은 언제나 좋은 것과 나쁜 것 사이의 균형이다. 아리스토텔레스는 "좋은 사람과 나쁜 사람은 잠잘 때 구별해내기가 가장 어렵다"[1]고 했다. 우스갯소리로 우리가 잠을 자는 일생의 절반 동안은 행복한 사람과 비참한 사람 사이에 아무런 차이가 없다는 것이다. 우리는 깨어 있어야만, 이성이 있어야만 판단을 하고, 판단을 해야 절제를 한다.

다시 말해 행복에 이르는 길은 사유다. 이 정의에 대해서는 동양과 서양의 인식이 일치한다. 이 길의 이정표라고 할 만한 《논어》의 첫 문장을 살펴보자.

> 배우고 때로 익히면 또한 기쁘지 않겠는가? 벗이 있어 먼 곳으로부터 찾아오면 또한 즐겁지 않겠는가? 남이 나를 알아주지 않더라도 노여워하지 않음은 어찌 군자의 도리가 아니겠는가?[2]

《논어》에 따르면 배우고 익힌다는 것, 이는 곧 생각하고 실천한다는 것이다. 옳고 그름을 판별하는 법을 배우지 않고서는 선한 행위를 할 수 없다. 그리고 이러한 덕성은 결코 혼자 이룰 수 있는 것이 아니라 다른 사람들과 대화하고 대결하면서 갖출 수 있다. 그리고 함께 잘 살고자 하는 벗은 커다란 기쁨이 된다.

생각하고 실천하지 않으면 덕성, 고유한 성격을 발전시킬 수 없다. 우리는 평생에 걸쳐 자신을 만들어가야 한다. 끔찍한 고통, 절망적인 궁핍, 가늠하기 힘든 혼돈을 겪더라도 중심을 잡고 균형을 맞춰야 한다. 우리 삶에 'good at'을 적용하려면, 삶의 목적을 올바로 세우고 그 목적의 관점에서 구체적인 상황을 판단해야 한다. 공자는 《논어》〈위정爲政〉 편에서 삶의 균형에 관한 멋진 이야기를 들려준다.

> 나는 15세에 학문에 뜻을 두었고, 30세에 모든 기초를 세웠으며, 40세에 사물의 이치에 의문 나는 점이 없었고, 50세에는 하늘의 뜻을 알았으며, 60세에 남의 말을 순순히 받아들일 수 있었고, 70세에는 뜻대로 행해도 도에 어긋나지 않았다.[3]

15세 지학志學, 30세 이립而立, 40세 불혹不惑, 50세 지천명知天命, 60세 이순耳順, 70세 종심從心은 나이에 따른 깨달음의 수준을 말해주는 것처럼 보인다. 공자의 말에 의하면, 15세가 넘으면 적어도 스스로 생각할 줄 알아야 한다. 자기 삶의 목적이 무엇인가를 끊임없이 생각하고 실천해 실현하는 과정에서 핵심은 결국 삶의 균형을 이루는 것이다. 삶의 예술의 궁극적인 목표는 하고 싶은 대로 할지라도 법도에 어긋나지 않는 '종심'이다. 저마다 수많은 욕구와 욕망, 열정과 정념을 따르더라도 자신에게 좋은 것, 결국 '인간적으로 좋은 것'을 실현하기 위해서는 무엇보다 균형의 힘이 필요하다.

'도에 어긋나지 않는다'는 표현은 본래 불유구不踰矩에서 나왔다. '넘치다'라는 뜻의 유踰와 '모나다'라는 뜻의 구矩이니 마음 가는 대로 할지라도 넘치거나 모나지 않는다는 말이다. 종심에 이르도록 좋은 성격을 가진 사람은 틀림없이 행복한 삶을 사는 사람이다.

나를 설명하는 성격과 성품

우리는 겉으로 드러나는 현상을 보고 사람의 성격을 판단하곤 한다. 어떤 사람은 성마르고, 어떤 사람은 부드러우며, 어떤 사람은 매우 능동적이고, 어떤 사람은 수동적이라고 말이다.

고대에는 사람의 체질과 기질에 따라 성격을 분류했다. 소크라테스 이전의 자연철학자인 엠페도클레스는 우주 만물이 흙, 물, 공기, 불로 이루어졌다고 주장했다. 이 네 원소가 물질의 네 가지 상태인 고체, 액체, 기체, 플라스마와 대등하다고 보고, 사람들의 성격 역시 마름, 젖음, 따뜻함, 차가움이라는 네 가지 성질이 어떻게 결합하느냐에 따라 결정된다고 보았다.

서양에서 오랫동안 기준으로 삼았던 이 기질과 성격 유형은 고대 로마 시대 페르가몬에서 활동했던 그리스의 의학자 갈레노스에게서 유래한다. 그는 사람의 성격을 우리 몸의 혈액과 담즙에 따라 따뜻하고 습한 다혈질인 '명랑한 기질', 따뜻하고 건

조한 다혈질인 '예민한 기질', 차갑고 건조한 '우울한 기질', 차갑
고 습한 '둔중한 기질'로 분류한다.

이러한 성격 분류가 재미있기는 하지만 그 사람의 덕성과
성품에 관해서는 아무것도 얘기해주지 않는다. 한 가지 중요한
것은 성격 분류가 따뜻함과 차가움, 건조함과 습함의 대립적인
특성들에 따라 이루어졌다는 사실이다.

이 세상에서 살아가는 수많은 사람은 각자의 기질에 따라
자신과 다른 사람, 그리고 외부 환경의 자극과 도전에 서로 다
르게 대응한다. 어떤 사람은 정의로운 사람이 되고, 또 어떤 사
람은 정의롭지 못한 사람이 된다. 가령 자신의 지위를 이용해
타인을 노예 부리듯 하는 '갑질 문화'는 수직적 위계질서를 중시
하는 우리나라 문화의 특성에서 기인하기도 하지만, 많은 경우
에 행위자의 성품에 내재된 결함을 보여준다.

대체로 부도덕한 행태는 부도덕한 성품에서 비롯되고, 부도
덕한 성품은 어린 시절에 형성된 잘못된 습관에서 생겨난다. 어
떻게 행동하고, 어떻게 살아왔느냐에 따라 그 사람의 성격이 결
정된다. 어떤 사람은 절제할 줄 아는 사람이나 온화한 사람이
되지만, 다른 어떤 사람은 무절제한 사람이나 성마른 사람이 된
다. 그렇다. 다시 모든 문제는 어떻게 올바로 행동하고 잘 살 수
있을까 하는 질문으로 모아진다.

올바른 행동이란 무엇일까? 사실 있는 그대로의 자신의 모

습은 자기가 처한 상황에서 어떻게 행동하느냐에 따라 드러난다. 똑같은 상황이라도 어떤 사람은 성급하게 처신하고, 어떤 사람은 신중하게 처신한다. 행위와 관련해서는 보편적으로 적용할 일반 법칙이 존재하지 않을뿐더러 엄밀하지도 않다.

따라서 우리는 자신의 '올바른 이성'에 따라 적당한 행위를 해야 한다. 여기서 적당하다는 것은 균형을 이룬다는 의미로, 일반적으로 욕망은 절제하고, 위험에는 대처해야 한다는 말이다. 이를 부정할 사람은 아무도 없을 것이다. 욕망의 경우, 모든 즐거움을 탐닉하면서 어떤 것도 삼가지 않는 사람은 무절제한 사람이고, 어떤 즐거움도 용납하지 않고 모두 회피하는 사람은 아무 감정도 없는 목석같은 사람이다. 용기도 마찬가지다. 위험을 보면 두려워할 뿐 어떤 자리도 지켜내지 못하는 사람은 비겁한 사람이고, 어떤 위험도 두려워하지 않으면서 모든 일에 뛰어드는 사람은 무모한 사람이다.

이성적으로 적절하려면 무절제와 무욕망, 비겁함과 무모함 사이에서 균형을 잡아야 한다. 아리스토텔레스가 말한 것처럼 "절제와 용기는 지나침과 모자람에 의해 파괴되고 중용mesotes에 의해 보존된다."[4]

만들어진 감정

우리가 무엇을 피하거나 좇는 것은 대부분 감정이나 정념과 연관되어 있다. 우리는 좋아하는 것은 좇고, 싫어하는 것은 피한다. 이때 이성은 위험 요소를 판단하는 역할을 하지만, 위험에 대응하도록 이끄는 것은 감정이다.

단도직입적으로 말하자면 잘 살기 위해서는, 우리 삶에 좋은 것을 실천하기 위해서는 우리가 느끼는 감정과 정념을 제대로 파악해야 한다. 즐거움을 느껴보지 못한 사람이 쾌락과 오락을 멀리할 수 있겠는가? 위험에 처해 온몸을 떨어보지 않은 사람이 그것을 극복하려는 용기를 가질 수 있겠는가?

삶의 균형의 출발점은 항상 우리의 감정과 정념이다. 아리스토텔레스의 말을 들어보자.

> 어떤 사람의 실제 행위에 따르는 즐거움과 고통을 그 사람의 품성 상태를 표시하는 것으로 여겨야 할 것이다. 육체적인 즐거움들을 삼가고 이런 삼감 자체에서 기쁨을 느끼는 사람은 절제 있는 사람이고, 이를 답답해하는 사람은 무절제한 사람이며, 무서운 것들을 견뎌내고 그런 일에서 기쁨을 느끼는 사람 혹은 적어도 고통을 느끼지 않는 사람은 용감한 사람이고, 거기서 고통을 느끼는 사람은 비겁한 사람이기 때문이다. 성격적 덕성은 즐거움과 고통에 관여한다.[5]

앞서 잘 사는 사람들, 즉 삶에 탁월한 사람들은 좋은 성격을 가졌다고 말했다. 그리고 이 사람들의 성격과 덕성은 모두 즐거움과 고통을 대하는 방식에 따라 결정된다고 했다. 절제와 용기 같은 도덕적 성격, 그리고 방종과 비겁 같은 도덕적 악덕은 모두 그들의 감정과 정념에 대한 태도를 말해준다. 감정과 정념은 우리가 전적으로 이성적이지 않으며, 또 그렇다고 전적으로 동물적이지도 않다는 사실에 대한 증거다. 인간은 신과 동물의 중간자적 존재다. 우리는 신처럼 완전히 이성적이지 않지만 세계를 느끼며, 짐승처럼 욕구와 욕망을 갖고 있지만 한계가 있다는 것을 안다. 짐승과는 달리 우리가 느끼는 감정과 정념, 욕구와 욕망 모두 어느 정도는 이성에 관여한다. 우리가 어떤 사람을 비이성적이라고 판단하면, 그것은 그가 표현하는 감정과 정념 때문이다. 분노가 일어날 때마다 '죽어, 죽어, 나가 죽어!'라고 짐승처럼 부르짖는 사람도 있겠지만, 대부분의 사람은 주위의 충고와 조언에 따라 자신의 분노를 조절한다.

이처럼 우리의 성격과 도덕적 덕성은 행동적인 동시에 감정적이다. 행동적이라는 것은 이론을 통해 배울 수 있는 것이 아니라 실천과 습관에 의해 만들어진다는 의미다. 성격과 덕성이 감정적이라는 것은 그것이 대부분 감정의 형태로 표현되기 때문이다.

마땅히 느껴야 할 감정들

인간은 즐거운 것에는 즐거울 줄 알고, 고통스러운 것에는 고통을 느낄 수 있어야 한다. 아리스토텔레스에 따르면 좋은 감정 교육은 이렇다.

> 마땅히 기뻐해야 할 것에 기뻐하고, 마땅히 괴로워해야 할 것에 고통을 느끼도록 어떤 방식으로 길러졌어야만 한다.[6]

우리는 설령 똑같은 일이라 할지라도 다르게 경험할 때 즐거움을 느낀다. 그런데 마땅히 느껴야 할 기쁨과 즐거움을 느끼지 못하는 증상을 심리학 또는 정신의학에서는 '무쾌감증anhedonia'이라고 한다. 정념이나 기분과 관련된 정서 장애의 일종으로 우울 장애의 핵심적인 특징이다. 이런 장애를 지닌 이들은 매일매일 일상생활에서 아무것도 새로운 것을 얻지 못한다고 여긴다. 보는 것과 행하는 모든 것이 똑같게 느껴진다.

무쾌감증은 주로 '쾌락 중추'라 불리는 뇌의 '측좌핵nucleus accumbens'과 관련이 있다고 여겨졌지만, 최근 연구에서 개성 표현, 결정과 보상, 자기의식을 담당하는 뇌의 다른 부분들이 관여한다는 사실이 밝혀졌다. 기쁜 일인데도 기뻐하지 못하면 자신을 제대로 표현하지 못해 결국 성격을 형성하는 데 문제가 생기는 것이다. 재미있는 사실은 우울 장애를 앓는 사람뿐만 아니라 스카이다이빙처럼 익스트림 스포츠에 빠진 사람도 무쾌감증의 성향을 보인다는 점이다.

고통스러운 일을 경험하면서도 고통을 느끼지 못하는 것 역시 도덕적 성격 형성을 방해한다. 일반적으로 반사회적 인격 장애를 앓고 있는 사이코패스는 공감 능력이 결여되었다고 알려져 있다. 이들은 대부분 과잉 활동의 성향을 보인다. 다른 사람처럼 감정을 강렬하게 경험하지 못하기 때문에 공포와 불안, 자기 의심, 죄책감이나 회한의 감정에 의해 억제되지 않는 것이다.

물론 사이코패스도 풍부한 감정을 가질 수 있다. 사이코패스는 나르시시스트로서 사랑과 찬양 또는 자기 탐닉적인 희열을 추구하고, 포식자로서 먹잇감의 고통을 통해 자극을 받는다. 단지 감정적으로 과잉 활동을 나타내기 때문에 타인의 감정에 공감하지 못하는 것이다. 공감 능력이 없는 사람이 끊임없이 더 강한 자극과 흥분을 추구할 때 도덕적 성격은 형성되지 못한다.

도덕적 성격은 이처럼 감정과 관계가 있다. 모든 행위에는 즐거움과 고통이 따르는데, 덕성은 이 즐거움과 고통에 관계하는 방식이다. 여기서 중요한 것은 도덕적 성격을 가졌다고 해서 절대 화를 내지 않는다는 의미가 결코 아니라는 것이다. 마땅히 화를 내야 할 때 마땅한 방식으로 마땅한 정도로 화를 낼 줄 아는 사람이 좋은 성격을 가진 사람이다. 반대로 부도덕한 사람은 마땅하지 않을 때 엉뚱한 사람에게 과도하게 화를 퍼붓는다.

이처럼 감정의 균형은 좋은 삶을 살기 위한 필수 조건이다. 감정의 균형을 강조하는 아리스토텔레스의 중용 이론은 다음을 전제한다.

- 도덕적 덕성은 행위와 감정과 관련이 있다.
- 모든 행위와 감정은 즐거움과 고통을 수반한다.
- 우리가 좋은 사람이 되거나 나쁜 사람이 되는 것은 즐거움과 고통 때문이다.
- 도덕적 덕성은 즐거움이나 고통과 관련해 최선의 것을 행하려는 경향이 있다.

아리스토텔레스에 따르면 모든 감정은 성격과 짝을 이룬다. 도덕적 덕성이 즐거움과 고통에 관계해서 최선의 것들을 행하는 품성 상태라면, 악덕은 그 반대다. 우리는 욕망, 분노, 두려움, 대담함, 시기, 기쁨, 친애, 미움, 갈망, 시샘, 연민 등과 같은 감정을 느낀다. 이 감정들은 모두 즐거움과 고통을 수반한다. 우리는 이러한 감정들을 느낄 능력을 가지고 있으며, 또 가져야 한다. 특히 오늘날처럼 철저하게 이기적이고 합리적인 사회에서는 연민이나 공감 같은 감정 능력이 더욱더 중요하다.

반복해서 말하지만 이러한 감정들에 어떤 태도를 취하느냐에 따라 우리의 성격이 결정되고, 그것이 삶의 형식을 만들어낸다. 좋은 삶을 살기 위해서 제일 먼저 가다듬어야 하는 것은 바로 우리의 감정과 정념들이다.

6

중용, 중간의 예술

극단적 감정의 사이에서

그런데 모든 감정과 정념에도 극단이 존재한다. 좋음과 싫음
은 바로 대립의 극단이다. 우리의 통상적인 감정은 대개 둘 사
이에 위치한다.

앞서 삶의 예술을 함양하는 데 감정과 정념을 다듬는 것이
중요하다고 말했다. 그럼 대체 이 감정과 정념을 어떻게 다룰
것인가? 감정 자체는 선과 악이 없다. "덕성과 악덕은 모두 감정
이 아니다."[1] 덕성과 악덕은 감정과 어떤 관계를 맺는가에 따라
결정될 뿐이다. 가령 우리가 마땅히 분노해야 할 것에 분노하는

건 잘못이 아니다. 어떤 사람이 화를 냈다고 비난하지도 않고 칭찬하지도 않는다. 우리가 비난하거나 칭찬하는 것은 그가 특정한 방식으로 화를 냈기 때문이다. 칭찬한다면 그가 덕성에 따라 화를 냈기 때문이고, 비난한다면 악덕에 따라 화를 냈기 때문이다. 이처럼 덕성과 악덕은 우리가 드러내고 표현하는 감정과의 관계에 따라 구별된다.

그렇다면 어떻게 우리의 감정과 도덕적인 관계를 맺을 수 있는가? 감정과의 어떤 관계가 도덕적으로 칭찬받을 만한 덕성이고, 또 어떤 관계가 비난의 대상이 되는 악덕인가?

중용, 중간의 예술

감정이란 대부분 사랑과 증오, 기쁨과 분노, 설렘과 두려움, 관심과 무심처럼 모자람과 지나침의 양극단을 갖고 있다. 중용이라는 삶의 예술은 우리가 윤리적으로 잘 살기 위해서는 이러한 감정의 '극단'을 피해야 한다고 권한다. 정도를 넘지 않도록 알맞게 조절하고 제한함으로써, 즉 선을 행하고 극단은 피해야 한다는 것이다.

여기서 알맞음이란 '일정한 기준, 조건, 정도 등에 넘치거나 모자라지 않은 데가 있다'라는 뜻으로, 극단 사이의 중간이자 이성과 지혜를 실천하는 방식이다. 그러나 우리가 살아가면서 느끼는 모든 감정과 행위가 중용과 관련된 것은 아니다. 예컨대

살인, 절도, 간통 같은 행위는 그 행위의 정도에 따라 미덕과 악덕이 갈리는 것이 아니다. 600만 명에 달하는 유대인을 학살한 홀로코스트만 도덕적으로 용납될 수 없는 악덕이 아니라, 단 한 명을 살해해도 그 자체로 나쁜 것이다. 마찬가지로 정도에 관계없이 그 자체가 나쁜 감정도 있다. 타인의 불행을 기뻐하고 고소해하는 감정, 염치를 모르고 부끄러움을 느끼지 못하는 파렴치한 감정 역시 그 자체가 나쁜 것이다. 이런 감정들은 지나침과 모자람의 극단을 구별하는 것이 무의미할 정도다.

이처럼 중간을 확인하는 것은 쉽지 않고, 중간을 직접 겨냥할 수도 없다. 아리스토텔레스는 중간을 두 가지로 분류했다. 하나는 '산술적 중간'이고, 다른 하나는 관계에서의 '실천적 중간'이다. 먼저 산술적 중간은 다른 말로 '대상에 따른 중간'이라고도 한다. 우리가 계량할 수 있는 대상에 대해서는 중간을 확인하는 것이 어렵지 않다. 어떤 사람에게 나누어주어야 할 대상이 있다고 하자. 2는 너무 적고 10은 너무 많다면, 그 중간은 두말할 나위 없이 6이다. 이런 산술적 법칙은 모두에게 동일하게 적용된다. 바꿔 말하면 산술적 중간은 개인적으로 발전시켜야 하는 덕성과 관련이 없다는 의미다.

우리가 관계를 맺어야 하는 감정과 정념들은 계량적으로 중간을 산출할 수 없다. 예컨대, 어떤 정도의 분노가 중간값인지 계산할 수 없다. 그뿐만이 아니다. 현대인들이 행복한 삶의 필수 조건으로 꼽는 신체적 건강 역시 중간을 취하거나 균형을 이루기가 쉽지 않다.

사람이 활동하고 건강을 유지하는 데 필요하다고 정해서 권장하는 열에너지의 양을 통상 '영양 권장량'이라고 한다. 30~49세의 한국인 성인 남자가 필요로 하는 1일 영양 권장량은 대략 2500칼로리Cal다. 그런데 영양 권장량은 통계적으로만 의미가 있을 뿐 개인의 성장 환경이나 유전, 식사 습관, 나이, 성별, 활동량에 따라 달라진다. 50~64세의 성인 남자에게 필요한 1일 영양 권장량은 2300칼로리, 65~74세의 노인은 2000칼로리로 줄어든다. 운동선수는 다른 사람들보다 훨씬 많은 에너지를 필요로 하고, 여성은 남성보다 에너지 소모량이 적다.

평균 성인에게 10의 음식물은 너무 많고 2의 음식물은 너무 적다고 해서, 에너지를 많이 필요로 하는 씨름 선수에게 6의 음식을 주는 것은 옳지 않다. 나이가 들어 활동이 줄었는데도 젊었을 때처럼 많이 먹으면 비만이 되고, 젊은 나이에 영양을 충분히 섭취해야 하는데도 사회적으로 강요된 미적 기준에 따라 음식을 멀리하면 병적인 거식증 환자가 된다. 모두 자신에게 알맞은 중간을 선택해야 하는 것이다.

하물며 감정과 정념의 중간을 취하는 것은 더욱 어렵다. '어떻게 살 것인가'라는 실천적인 문제와 직결된 이런 중간은 '관계의 중간'이라고 한다. 감정을 표현할 때 지나침과 모자람을 피해 중간을 선택·추구하고, 사는 동안 이러한 실천이 지속되면 어떤 행위를 하더라도 정도에서 벗어나지 않는 덕성을 갖출 수 있다. 아리스토텔레스는 삶의 예술의 핵심인 중간의 의미를 다음과 같이 분명하게 말한다.

> 덕성은 합리적인 선택과 연관된 품성 상태로 '우리와의 관계에서' 성립하는 중간에 의존한다. 이 중간은 이성에 의해 규정된다. 다시 말해 실천적 지혜를 가진 사람이라면 선택할 방식에 따라 규정된다. 중간(중용)은 두 악덕, 즉 지나침에 따른 악덕과 모자람에 따른 악덕의 중간이다. 또한 감정에서나 행위에서나 악덕의 한 극단은 마땅히 있어야 할 것에 모자라고, 다른 한 극단은 지나치다. 반면에 덕성은 중간을 발견하고 선택한다.[2]

　중간을 선택하고 균형을 이루는 것이 어려운 까닭은 그것이 '우리와의 관계에서relative to us' 규정되기 때문이다. 사람마다 알맞은 중간이 매우 다르다. 따라서 중간을 선택하고 추구하기 위해서는 끊임없이 자기 삶의 목적에 귀 기울여야 한다. 아리스토텔레스에 따르면 '나는 어떤 삶을 원하는가'에 대한 대답의 하나로 우리는 매 순간 마땅한 중간을 정해야 한다.

마땅히 그래야 할 때, 마땅히 그래야 할 일에 대해, 마땅히 그래야 할 사람들에 대해, 마땅히 그래야 할 목적을 위해, 또 마땅히 그래야 할 방식으로 감정을 갖는 것은 중간이자 최선이며, 바로 그런 것이 덕성에 속하는 것이다.[3]

삶의 예술이 지향하는 중간은 결코 산술적인 것이 아니다. 우리의 실천 그리고 삶과 관련된 윤리적 중간이다. 그렇기 때문에 윤리적 중간은 감정이나 정념과 관련해 우리가 선택해야 할 상황에 따라 달라진다. 우리 삶이 상황들의 연속이라면, 우리가 선택하고 추구하는 중간은 결국 그러한 선택을 할 수밖에 없도록 만드는 성격이다.

극단 사이에서 중간을 선택하는 실천 습관이 삶의 모습을 결정한다. 삶의 예술로서의 중용 이론을 다음과 같이 정리할 수 있다.

- 중용은 산술적 중간이 아니다.
- 중용은 극단의 감정에 대한 알맞은 태도다.
- 감정은 삶의 상황에 따라 끊임없이 변화한다.
- 중용은 극단과의 관계에서 중용을 선택할 실천적 지혜를 필요로 한다.

비트루비우스 인간처럼

중간을 알아야 균형을 이룰 수 있다. 그러나 무한히 분할되고 계량할 수 있는 대상의 중간을 찾는 것은 쉽지만, 끊임없이 변화하는 삶에서 중간을 찾는 것은 여간 어려운 일이 아니다. 감정은 죽 끓듯 수시로 부글거리다가도 금방 식어버리고, 사람마다 감정도 경험도 성격도 다 다르다.

고대 그리스의 궤변론자 프로타고라스는 "인간은 만물의 척도"라는 유명한 명제를 남겼다. 철학적으로는 모든 상대적 차이를 포괄하는 보편적 진리를 추구할 수도 있지만, 삶의 의미와 목적을 부여하는 기준은 스스로 만들 수밖에 없다는 의미다.

그런데 저마다 자기 삶의 척도를 스스로 창조해야 하는 것은 맞지만, 그렇다고 삶의 기준이 없는 것은 아니다. 삶의 올바른 척도는 사람마다 다를 수 있지만 항상 중간을 지향한다. 중간이 척도이고 정도다. 중간을 알면 무엇이 과도한지, 또 무엇이 결핍되었는지 가늠할 수 있다. 중간은 비례 관계의 균형을 가능하게 한다. 르네상스의 휴머니즘을 대변하는 레오나르도 다빈치의 걸작 〈비트루비우스 인간〉은 인간의 황금 비율을 잘 보여준다. 원과 사각형 안에 두 팔과 다리를 벌리고 있는 남성을 그린 그림이다.

고대 로마의 건축가 '비트루비우스Vitruvius에 따른 인간 신체의 비율'이라는 의미인 〈비트루비우스 인간L'Uomo Vitruviano, Vitru-

우리가 찾는 중간은 지극히 개인적인 것이다.
따라서 이 중간을 찾으려면, 각자가 생각하는 감정과
정념의 양극단을 규정해야 한다.

vian Man〉은 인간을 세계의 중심에 세움으로써 중간이 세계의 척도가 될 수 있음을 보여준다. 우리 몸의 중심은 배꼽이다. 배꼽을 중심으로 원을 그리면 두 손의 손가락 끝과 두 발의 발가락 끝이 원의 둘레에 접한다. 우리 몸의 균형이 배꼽을 중심으로 하나의 원을 이루는 것처럼, 우리 몸에서 사각형도 발견된다. 머리에서 발바닥까지의 높이와 양쪽으로 뻗은 두 팔의 길이는 똑같기 때문에 정사각형이 된다. 인간은 이렇게 '원과 정사각형의 결합'이라는 기하학적으로는 모순이고 불가능한 일을 해낸다.

비트루비우스 인간은 아름다운 것과 좋은 것의 척도를 보여준다. 우리가 비트루비우스 인간처럼 자신의 내면에 하나의 '중심'을 갖고 그에 따라 삶과 행위를 조화롭게 조직할 수 있다면, 우리는 스스로 좋은 삶을 살 수 있을 것이다.

반대로 중심이 없다는 것은 삶과 행위의 방향을 정해줄 척도가 없다는 것이다. 중심에서 너무 벗어나거나 너무 가까우면 비율이 맞지 않고, 삶의 방향을 잃게 된다. 그래서 로마의 시인 호라티우스는 이 중심을 '황금의 중간aurea mediocritas', 중용의 미덕이라고 이름 붙였다.

그렇지만 다빈치가 제시한 비트루비우스 인간의 황금 비율은 이상적인 인간의 비율일 뿐, 현실의 인간은 전혀 다르다. 우리는 어떻게 저마다의 중간을 찾고, 이를 삶의 척도로 만들 수 있을까?

균형의 기술

먼저 우리에게는 중간을 찾는 균형의 기술이 필요하다.

첫째, 자신의 개별성에 주목해야 한다. 중용은 올바른 삶에 관한 이론적 지식보다는 올바른 행위와 행복한 삶을 위한 실천적 지혜를 목표로 한다. 중간을 찾는 것은 특수한 개인의 특수한 경우의 문제다. 무엇이 중간인가는 개인마다 다를 뿐만 아니라 같은 사람에게서도 상황에 따라 다르게 규정될 수 있다. 사람에 따라 적당한 식사량이 다르기에 다이어트를 위한 표준 식단을 짤 수 없는 것처럼, 삶과 행위에 관련된 법칙은 결코 보편화될 수 없다. 그렇기에 때로 전통 철학의 중용 이론이 엄밀성이 부족하다는 비판을 받곤 하지만, 이는 처음부터 빗나간 것이라고 할 수 있다. 아리스토텔레스는 말한다.

> 개별적인 것들과 관련한 논의는 엄밀성을 갖지 않는다. 그것들은 그 어떤 기술이나 지침에도 포섭되지 않으며, 의술과 항해술의 경우가 그러하듯 개별적인 것들을 행하는 사람들 자신이 항상 각 경우에 적절한 것을 고려해야만 한다.[4]

중간은 항상 개인적 중간이지 보편적 중간이 아니다. 어떤 덕성이 다른 사람을 잘 살게 만들었다고 해서 기질과 성정뿐만 아니라 성장 배경이 전혀 다른 나에게도 맞는 것은 아니다.

둘째, 중용이 적용되는 대상은 모자람과 지나침에 의해 파괴될 수 있음을 알아야 한다. 우리는 모자람과 지나침 모두 신체적 건강을 해칠 수 있다는 사실을 알고 있다. 적절한 운동은 건강에 도움이 되지만, 운동을 전혀 하지 않거나 지나치게 하는 것은 독이 된다. 섭생에서도 우리가 섭취해야 하는 적정량에 모자라거나 넘어설 경우 건강을 해친다. 지나친 다이어트로 인해 종종 거식증이나, 폭식과 구토를 반복하는 식욕 이상 증세를 보이기도 하고, 프랑스의 모델 이사벨 카로처럼 죽음에 이를 수도 있다. 위험과 두려움에 대처하는 용기 또한 모자람과 지나침에 의해 훼손된다. 용기의 부족은 비겁함을 가져오고, 지나친 용기는 무모함을 야기한다. 용기는 비겁과 무모의 중간이다.

셋째, 너무 많음과 너무 적음을 규정하기 위해서는 우리의 덕성과 관련된 감정과 정념들 역시 계량화될 수 있다는 점에 주목해야 한다. 연속적이고 분할 가능한 모든 것에서는 더 많은 양을 또는 더 적은 양을, 그리고 중간을 취할 수 있다. 감정과 정념은 물론 나와의 관계에서 규정되어야 하지만, 모자라거나 지나침을 판단하려면 측정할 수 있어야 한다.

예를 들어 어느 정도 화를 내야 적당한가? 화를 내다 보면 자기 분에 못 이겨 더 화를 내는 경우가 있다. 그렇다고 화낼 일을 피한다고 해서 화가 없어지는 것도 아니다. 우리는 감정과 정념을 끊임없이 해석하고 평가해서 그것이 마치 측정할 수 있는 것처럼 생각해야 한다. 감정과 정념은 자로 엄밀하게 잴 수 있는 사물과는 다르지만, 마치 측정할 수 있는 대상처럼 대해야 한다는 것이다. 감정과 정념은 계량화할 수 있는 성질들이다. 무슨 의미인지 아리스토텔레스의 말을 되새겨보자.

> 대상의 중간은 각각의 끝에서 같은 거리만큼 떨어진 것을 말하는데, 이것은 모든 사람에게 하나이며 동일하다. 반면 관계에서의 중간은 너무 많지도 않고 너무 모자라지도 않은 것을 말하는데, 이것은 모든 사람에게 하나이지도 않고 동일하지도 않다.[5]

우리가 찾는 중간은 지극히 개인적인 것이다. 따라서 중간을 찾으려면, 각자가 생각하는 감정과 정념의 양극단을 규정해야 한다. 어떤 사람은 다혈질이고, 어떤 사람은 차분하다. 이들이 경험하는 감정의 스펙트럼과 그 극단은 다를 수밖에 없다. 따라서 자신이 피하고 싶은 감정의 극단을 알려면 자기감정의 흐름에 늘 귀를 기울여야 한다.

넷째, 삶에서 실천적 중간은 항상 구체적인 상황과 관련되어 있기 때문에 다원적이다. 우리의 감정은 결코 일차원이 아니다. 용기와 두려움의 관계가 이를 잘 말해준다. 위험에 처했을 때 아무런 두려움 없이 위험에 대처하는 태도를 용기라고 말한다. 위험을 감수하려면 두려움을 느껴야 한다. 이런저런 위험에 직면했을 때 우리는 어느 정도의 두려움을 느끼는가? 아무런 두려움도 느끼지 않아 무모해질 수도 있고, 너무 많은 두려움을 느껴 비겁해질 수도 있다. 어느 정도의 두려움이 우리로 하여금 용기를 내지 못하게 하는가는 우리가 어떤 종류의 목적을 추구하는가 또는 그 목적을 얼마나 간절히 원하는가에 달려 있다.

기원전 5세기 페르시아 제국의 침략을 받았을 때, 스파르타의 왕 레오니다스가 300명의 정예 병사와 함께 테르모필레 협곡에서 100만 명이 넘는 페르시아 대군에 맞서 결연히 항전할 수 있었던 것은 그들이 지켜온 '자유'에 대한 신념이 강했기 때문이다. 전멸할 것을 알면서도 대항하는 것이 무모한 일인가 아니면 용기인가는 목적에 따라 결정된다.

구체적인 상황에서 중간을 찾는 것은 다원적이다. 감정과 정념이 표현되는 상황들이 대개는 복합적이기 때문이다. 어느 정도의 화를 내야 적절한가의 예를 생각해보자. 와인 잔에 둥둥 떠다니는 코르크 부스러기를 발견하고는 몹시 화를 내거나 격분하지만, 친구가 부당하게 일자리를 얻었을 때는 온건하게 언짢아하는 사람의 경우가 전형적이다. 그는 성을 잘 내는 사람인가, 아니면 정의감이 없는 사람인가?

서양 사람들이 주로 와인을 예로 든다면, 우리에게는 훨씬 맛깔스러운 사례가 있다. 독재 정권의 탄압이나 사회 부조리에는 저항하지 못하고 사소한 일에만 분개하는 소시민성을 비판한 김수영 시인의 시 〈어느 날 고궁을 나오면서〉는 감정의 중용이 얼마나 어려운지를 잘 말해준다.

> 왜 나는 조그마한 일에만 분개하는가 / 저 왕궁王宮 대신에 왕궁의 음탕 대신에 / 오십오+ 원짜리 갈비가 기름 덩어리만 나왔다고 분개하고 / 옹졸하게 분개하고 설렁탕집 돼지 같은 주인 년한테 욕을 하고 옹졸하게 욕을 하고 // 한번 정정당당하게 / 붙잡혀 간 소설가를 위해서 / 언론의 자유를 요구하고 월남越南 파병에 반대하는 / 자유를 이행하지 못하고 / 이십二+ 원을 받으러 세 번씩 네 번씩 / 찾아오는 야경꾼들만 증오하고 있는가.

　사소한 일에 자주 화를 내는 것과 사회적 불의에 화를 내는 것에는 차이가 있다. 우리는 음식점에서 벌어지는 작은 실수와 잘못에 화를 내며 집요하게 따지는 사람들을 용기 있다고 말하지 않는다. 그들은 자신이 희생을 감수해야 하는 문제에서는 비겁하게 온건해질 가능성이 크다. 와인 잔에 들어 있는 코르크 부스러기와 갈비탕 안의 비곗덩어리에 화를 내는 사람이 일반적인 사회문제에는 무감각한 사람일 수도 있다. 거꾸로 타인의 불의에는 둔감한 사람이 쉽게 화를 내는 사람일 수도 있다. 자신이 지향하는 목적에 따라 감정과 정념에 대한 태도도 달라지는 것이다.

그렇기 때문에 알맞은 중간을 선택하려면 우리가 처한 상황을 삶의 궁극적인 목적의 관점에서 해석하고 판단해야 한다. 정의와 자유를 삶의 목적으로 삼고 고귀한 가치로 생각하는 사람은 작은 일에 쉽게 분개하는 자신의 행동이 지나치다고 평가하고 중간을 찾는다. 이처럼 중간을 찾고 균형을 이루는 데 목적은 필수다.

7

극단의 미덕

미덕은 때로 악덕이 된다

우리가 추구하는 좋은 삶을 실현할 수 있는 능력인 미덕은 극단의 산물이다. 앞서 우리 삶을 뒤흔드는 극단에 대해 이야기 했는데, 흥미로운 사실은 극단이 없다면 덕성도 없다는 것이다. 우리가 관계를 맺는 감정과 정념들의 양극단, 즉 모자람과 지나침을 악덕이라고 하는데, 사실 미덕은 이 악덕으로부터 나온다. 이것이 우리가 마주해야 하는 인생의 아이러니다.

우리의 삶과 인류의 역사를 보면 악덕과 미덕은 변증법적 관계에 있다. 양극단 사이에서 중간을 취하려는 오랜 실천과 습관을 통해 발전시켜온 미덕도 '너무 오랫동안' 정체되면 악덕이된다. 서양의 기독교적 가치관과 동양의 유가적 가치관은 한때올바른 행위와 좋은 삶의 길잡이였지만 사회가 변화한 오늘날에는 진부하고 시대착오적인 것으로 여겨질 뿐만 아니라, 그것을 너무 고집하면 악덕이 되기도 한다.

중간은 오랫동안 안정과 질서, 평화와 지속성의 장소였다.우리가 함께 잘 살고자 하는 정치적 공동체의 관점에서 보면 중간은 균형의 장소다. 중산층이 사회를 굳건하게 받쳐주는 중간의 허리라면, 좌우의 극단적 이념에 쏠리지 않는 정치적 중간은사회 질서의 중심축이다. 좌우가 자신들의 이념을 급진적으로실현하기 위해 불확실한 미래를 추구한다면, 중간은 정치적 안정과 평화를 보장한다. 중간에 머무는 사람이 상대적으로 좋은자리를 차지하게 되는 것이다. 위험은 항상 양극단에서 오기 때문에, 중간은 위험으로부터 멀리 있을 뿐만 아니라 예기치 않은상황이 발생한 경우에는 둘 중 하나를 선택할 수도 있다. 중간은 탄력성 있는 균형이다.

그러나 이것은 이론일 뿐 현실은 오히려 정반대다.

중간은 위험하다

30년 전쟁의 위험한 시기를 겪었던 한 시인은 "위기와 비상상황에서 중도는 죽음을 가져온다"고 말했다. 정치 이념과 이해

관계가 적대적으로 대립할 때 자신의 입장과 색깔을 분명히 밝히지 않는 중도는 회색분자로 몰리고, 양극단으로부터 공격을 받기도 한다. 중도는 결국 두 극단 사이의 전선戰線에 끼어 적들에게 둘러싸인다.

세계가 동요하고 요동치는 극단의 시대에는 모든 것이 변화한다. 평화로운 시기에 가장 안정적이었던 중간의 장소는 가장 위험한 장소가 되고, 중간이 양극단보다 더 위험해진다. 그렇기에 시대가 바뀌고 상황이 끊임없이 변화하는 조건에서 좋은 삶을 살기 위해 자신의 중심과 척도를 세우는 것은 결코 만만한 일이 아니다. 우리는 삶에 좋은 것이 무엇인지, 어디가 안전한지, 위험은 어디서 오는지 알기 위해 변화하는 상황을 주시해야 한다.

쉽게 말하면 극단의 싸움을 직시해야 한다. 중간, 중용과 중도는 항상 극단에 의지한다. 중간에 서야 양극단이 보이고, 동시에 극단이 있어야 중간을 알 수 있다. 지금까지의 역사를 되돌아보면 중도가 지배해 평화롭고 안정적이었던 시대는 '재미없는' 시대였다. 갈등과 투쟁이 없다는 것은 양극단이 비교적 안정적이어서 쉽게 판단할 수 있음을 의미한다. 이런 시대에 성격이 원만한 사람은 중도를 실현하려고 노력한다.

그러나 독일의 철학자 헤겔이 "역사 속에서 행복의 시기는 역사의 빈 페이지다"라고 말한 것처럼, 정치적으로 안정된 행복한 시기는 세계사의 공백기이기도 하다. '신의 평화pax dei'를 추구하던 중세는 크고 작은 전쟁이 끊이지 않았음에도 극단적인 운동은 없던 비교적 안정적인 시기였다. 즉 변화와 변동이 없는 정체된 시기였다.

사물이든 관계든, 우리의 삶이든 사회든 모든 것의 중심은 고요하고 양극단은 움직인다. 그런데 양극단의 움직임이 별로 크지 않아 안정적인 상태에 도달하면, 중간에는 정체와 권태가 퍼진다. 사람들은 견딜 수 없는 중간의 고요에 싫증을 느끼고 새로운 것을 시도한다. 그들은 양극단에 관심을 갖기 시작하고, 극단으로부터 자극을 받는다. "극단은 중간보다 훨씬 더 재미있고 흥분된다."[1] 다수가 경험하는 정상보다 소수의 비정상이 오히려 호기심을 불러일으키는 것이다.

그런데 양극단을 경험하지 못하면 우리는 중간의 의미도 제대로 깨닫지 못한다. 우리 시대는 별나고 기괴한 사람들을 좋아하고, 튀지 않는 사람은 미디어에서 주목받지 못한다. 중간에서 벗어난 괴짜들은 끊임없이 중간에 있는 사람들을 자극하고, 중간에 있는 사람들은 큰 변화 없이 반복되는 일상의 권태를 이겨내기 위해서 괴팍한 외부자의 자극을 필요로 한다. 이런 자극을 먼저 감지하는 것을 예술에서는 아방가르드avant-garde라고 한다. 우리의 삶과 현실에서 아직 오지 않은 미래의 가치를 발견하는 전위예술은 기존의 패러다임을 파괴하는 극단의 의미를 잘 보

세계가 동요하고 요동치는 극단의 시대에는
모든 것이 변화한다. 평화로운 시기에
가장 안정적이었던 중간의 장소는 가장 위험한 장소가 되고,
중간이 양극단보다 더 위험해진다.

여준다.

물론 중간의 가치와 의미를 일깨워주는 극단의 자극이 종종 무절제한 극단에 빠지도록 유혹하기도 한다. 그러나 이 같은 중간의 안정과 극단의 일탈이 없다면, 우리는 결국 무엇이 삶의 척도여야 하는지 알 수 없게 된다.

중간은 변화한다

우리는 종종 '극좌'나 '극우'같이 극단적인 사람들이 없으면 훨씬 안정적이고 평화로운 사회가 될 것이라고 착각한다. 그러나 극단에 서 있는 사람들, 혹은 정치·사회적, 문화적 아웃사이더들은 중간에 서 있는 사람들이 균형을 잡을 수 있도록 도와주고 있다. 아웃사이더는 글자 그대로 중간 집단의 구성원으로 받아들여지지 않은 사람들이나 그들과는 '다른' 사람들을 일컫는다. 중간은 동질성에 바탕을 두고, 아웃사이더는 차이에 기초한다. 우리는 이런 양극단의 아웃사이더들이 중간을 빛나게 한다고 생각하지만, 사실 중간은 스스로 빛나기 위해 끊임없이 자신과는 다르고 이질적인 극단의 아웃사이더를 만들어낸다. 중간이 지속 가능하려면 양극단이 필요하다.

이런 관점에서 보면 절제의 척도가 무절제를 규정하는 것이 아니라, 너무 많음과 너무 적음이라는 두 무절제의 대립을 통해 우리가 비로소 절제의 척도를 알게 되는 것이다.

우리가 추구하는 중간은 결코 정지해 있는 목표물이 아니다. 그것은 양극단의 변화와 함께 끊임없이 변한다. 그리고 움직이는 과녁을 맞히는 것은 결코 쉽지 않다.

원의 중심을 잡아내는 것은 누구든 할 수 있는 일이 아니라 아는 사람만 할 수 있는 일이듯이, 각각의 경우마다 중간을 잡아내기가 어렵기 때문이다.[2]

아리스토텔레스가 말한 것처럼, 원의 중심을 모르면 활을 쏠 수 없다. 그러나 안다고 해도 중심을 맞히기는 어려운 일이다. 중간의 절제를 원한다고 해서 최고와 최선을 추구하지 않는 것은 아니다. 삶의 최고선을 실현하려는 과정에서 치우칠 수 있는 양극단을 헤아리고 중간을 취하는 것이 바로 잘 살기 위한 덕성이다.

중용은 항상 지나침에 따른 악덕과 모자람에 따른 악덕의 중간이다. 매 순간 우리를 유혹하는 극단의 위험을 인식하지 못한다면 중간의 도를 실현할 수 없다. 그렇기 때문에 중간을 겨냥하는 사람은 먼저 중간과 대립하는 극단으로부터 멀어져야 한다.

중간을 취하기 어려우면 두 극단의 악덕 중 작은 것을 선택해야만 한다. 사회를 양극화하는 이념 갈등의 경우도 마찬가지다. 좌우가 대립할 때 중도를 취하는 것이 어렵다면, 좌와 우 중 차선의 대안을 선택해야 한다. 이 경우에도 자신이 자연스럽게 끌리는 마음의 성향을 알아야 한다. 계속해서 아리스토텔레스를 살펴보자.

> 자신이 쉽게 기울어지는 것들에 대해서도 검토해야 한다. 사람들은 저마다 다른 것으로 기울어진다. 이것은 우리를 둘러싼 즐거움과 고통으로부터 알 수 있을 것이다. 우리는 자신을 그 반대 방향으로 끌고 가야만 한다. 사람들이 비틀어진 나무를 곧게 펴려고 할 때 하는 것처럼, 잘못을 범하는 것에서 멀리 떨어짐으로써 중간에 도달할 것이기 때문이다.[3]

물론 우리가 중간을 추구한다고 하더라도 본성상 더 끌리게 마련인 것이 있다. 그러나 너무 왼쪽으로 기울어진 사람은 그 반대인 오른쪽으로 끌고 가야만 중도를 취할 수 있다. 쾌락을 경시하거나 무시하는 목석같은 사람은 방종에 빠질 위험이 있을지라도 쾌락을 추구하는 방향으로 틀어야 한다. 양극단을 알지 못하면 결코 중간을 가늠할 수 없기 때문이다. 중간을 알고 균형을 이루는 과정은 이처럼 역동적이다.

8

당신에게는 목적이 있는가

중간을 찾는 법

끊임없이 변화하는 삶의 한가운데에서 중간을 발견하기는 쉽지 않다. 복잡하게 얽힌 다원적 감정과 정념에서 중간을 발견하고 실천하려면 감정과 정념이 표출되는 상황을 해석하는 일이 무엇보다 중요하다. 무엇이 '우리와의 관계에서' 적절하고 알맞은지를 구체적인 삶 속에서 지속적으로 판단하고 실천할 때 비로소 행복한 삶을 창조할 수 있다.

앞서 우리가 극단의 시대를 살고 있다는 자각이 중요하다고 말했다. 중간보다는 극단이 훨씬 더 흥미롭고 매력적인 시대, 중간에서 벗어나 더욱더 극단을 추구하도록 부추기는 시대, 극단만이 인간의 한계 능력을 드러낼 수 있다는 듯이 새로운 극단을 만들어내는 시대. 결국 인간의 삶을 황폐화할 극단의 시대 속에서 우리는 중간을 찾음으로써 안정과 평화가 보장되고 인간다움을 성찰할 수 있는 여유를 얻을 수 있다.

중간을 발견하고 균형을 이루는 방법에는 일반적으로 적용할 매뉴얼이 있을 수 없다. 우리의 모든 삶이 개별적이기 때문에 그 삶의 예술 역시 개별적일 수밖에 없지만, 그럼에도 몇 가지 일반적인 방법과 실천을 찾아볼 수 있다.

첫째는 '감정의 확인'이다. 삶의 예술을 발전시키려면 먼저 우리가 처리해야 하는 감정과 정념이 무엇인가를 확인해야 한다. 분노를 느낀다면 그것이 왜 일어나고, 어떻게 일어나는가를 알아야 한다. 앞서 말한 용기라는 덕성은 두려움과 자신감이라는 두 개의 감정과 관계하지만, 그렇다고 두려움과 자신감의 모든 대상과 영역을 포괄하는 것은 아니다. 만일 두려움을 '악과 위험에 대한 기대'로 규정한다면, 우리가 두려워하는 것으로 수치, 불명예, 빈곤, 질병, 고립 같은 다양한 것들을 떠올릴 수 있다. 이러한 두려움은 관대, 온화한 품성, 우애 등을 통해 해결된다.

체면을 잃는 불명예를 두려워하는 사람은 선하고 절제가 있지만, 그렇지 않은 사람은 염치가 없다. 이 경우에 사람들은 용기가 있다거나 무모하다고 말하지 않는다. 그렇기 때문에 우리가 어떤 종류의 감정과 관계가 있는지를 아는 것이 중요하다. 감정을 확인하는 것만큼 어려운 일도 없다.

둘째는 '극단의 자리매김'이다. 우리의 덕성을 파괴하는 극단을 분별해야 한다. 모순적으로 들릴지 모르지만 중간을 아는 것보다 극단을 파악하는 것이 훨씬 쉽다. 예를 들어 감정과 관련된 모든 극단이 이름이 있는 것은 아니다. 두려움을 모르는 정도가 지나침을 일컬을 만한 이름이 없으며, 쾌락과 즐거움을 느끼지 못하는 것과 관련해서도 그것을 지칭할 이름이 없다.

이에 아리스토텔레스는 "중간을 겨냥하는 사람은 먼저 그것에 대립적인 것으로부터 멀어져야 한다"는 실천적 지혜를 우리에게 건넨다. 하나의 중간과 양쪽의 두 극단이라는 중용의 구조에서 양극단은 서로에게 대립적이고, 중간은 양극단에 대립적이다. 도식적이기는 하지만 극단을 규정하면 중간을 발견하는 일이 수월해진다.

셋째는 '기준의 명료화'다. 어떤 감정과 관련해 지나침과 모자람을 규정함으로써 중간을 계량화한 형식으로 서술할 필요가 있다. 대표적인 예로 절약은 자신이 가진 재물의 사용과 관련 있는 덕성이다. 근검절약은 예로부터 미덕으로 여겨졌지만, 재물이 충분한데도 필요할 때조차 쓰지 않는 자린고비는 언제나 부정적으로 평가되었다. 재물을 아끼는 태도가 너무 지나친 '인색'이나 재물을 필요 이상으로 낭비하는 '사치'는 모두 악덕으로 간주된다. 그렇다면 어느 정도 쓰는 것이 덕성에 부합하는 중간인가? 돈을 주거나 써버리는 것은 누구든 할 수 있는 쉬운 일이지만 마땅히 주어야 할 사람에게, 마땅한 만큼, 마땅한 때에, 마땅한 목적을 위해 쓰는 것은 결코 누구나 할 수 있는 일이 아니다.

우리는 중간의 적절성을 판단하기 위해 대상, 정도, 시기, 목적 같은 각각의 기준을 고려해야 한다. 가족에게는 후하지만 다른 사람에겐 유독 인색한 사람이 있을 수 있다. 힘든 시기에는 인색할 정도로 절약하는 것이 옳지만, 부유해진 뒤에도 어려웠던 시절만큼 절약하는 것은 옳지 않을 수 있다. 그렇기 때문에 중간을 발견하려면 어떤 기준을 적용하는가를 먼저 확인하고, 그 기준에 따른 지나침과 모자람을 판단해야 한다.

넷째는 '상황의 해석'이다. 중간을 발견하려면 감정과 정념이 표출되는 상황을 올바로 판단해야 한다. "알맞다는 것은 행위자 자신과 처한 상황, 그리고 관련된 목적에 따라 상대적이다."[2] 우리는 흔히 통 큰 사람을 인색한 사람보다 높이 평가하고 덕성과 능력을 갖춘 것처럼 생각하곤 한다. 로마 제국의 토대를 마련한 카이사르는 권력을 잡기 위해 엄청난 부채를 졌다고 한다. 자신을 능력 있는 지도자로 치장하기 위해 막대한 돈을 썼을 뿐만 아니라 우호 관계를 다지기 위해 통 큰 선물도 마다하지 않았다.

그러나 상황이 바뀌면 도를 넘은 지출이 악덕과 파국을 초
래할 수 있다. 통이 크다는 것은 그런 행위로 얻을 수 있는 성과
도 크다는 것을 의미한다. 성과가 없을 것임을 알면서도 마땅하
지 않은 데서 마땅하지 않은 방식으로 쓰는 것은 결코 통이 큰
것이 아니다. 이처럼 중간의 덕성은 상황을 정확하게 인식하는
것을 전제한다.

행복에 관한 해석

중간을 발견하는 삶의 예술은 상황의 해석과 밀접한 연관이
있다. 우리가 선택한 중간이 과연 적절한지 또는 부적절한지를
판가름하는 것은 상황을 어떻게 판단하느냐에 따라 달라진다.
중간을 발견하려면 상황을 올바로 파악해야 하고, 상황을 올바
로 인식했는가는 중간의 적절성에 달려 있다. 이는 마치 내용이
없는 순환 논리처럼 보인다. 삶의 예술을 내용과 관련해 규정하
기가 어렵기 때문에 이러한 순환 논리를 피할 수 없는 것처럼
보인다.

이처럼 '잘 사는 것은 무엇인가?'라는 행복한 삶의 내용에 관
한 질문에는 대답하기가 어렵다. 우리가 행복한 삶의 내용보다
는 조건에 관한 질문에 관심을 갖게 되는 이유다.[3]

삶의 예술로서의 중용은 '좋은 삶'과 '좋은 실천'의 문제다.
아리스토텔레스는 중용 이론을 삶의 작품과 연결 지어 이렇게

말한다.

> 사람들은 잘 만들어진 작품에 대해 종종 더 이상 빼거나 보
> 탤 수도 없다고 말한다. 이것은 지나침과 모자람이 그 작품의
> 잘됨을 손상시키고, 중간이 잘된 작품을 보존한다는 의미다.
> 훌륭한 예술가들은 중간을 눈여겨보면서 작품을 만든다.[4]

어떤 삶을 좋은 삶으로 생각하든 좋은 삶, 즉 행복한 삶은 어
떻게 살아야 하는가에 관한 '해석'과 밀접한 관련이 있다. 좋은
삶은 하나가 아니고 모든 사람에게 동일하지도 않다. 그렇기에
우리는 저마다 상황을 정확하게 인식하고 매 순간 중간을 발견
하고 실천하려고 노력함으로써 삶의 목적을 창조해야 한다. 삶
의 목적 역시 개인적인 것이지 결코 보편적인 것이 아니므로 우
리는 목적을 미리 전제하고, 그것이 과연 내가 생각하는 좋은
삶에 기여하는가를 검토해야 한다.

우리는 살면서 삶의 방향을 잃고 방황하기도 하고, 살아가는
이유를 알려고 애를 쓰기도 한다. 많은 이가 마치 깨닫기만 하
면 삶의 목적이 명료해질 것처럼 생각하지만, 삶을 통해 실현되
지 않는 목적은 공허할 뿐이다.

목적이 없어도 중간을 인식하고 실천할 수는 있지만, 목적이
미리 주어지지 않는다는 점에서 그러한 삶의 예술은 '부드러운

목적론'이라고 할 수 있다. 목적은 우리가 중간을 발견하고 실천하려는 과정에서 저절로 드러난다. 중간을 실천하는 '상황의 해석'은 삶의 목적을 검토하는 과정 그 자체다. 삶의 균형을 찾기 위해서는 목적이 필요하지만 그 목적이 처음부터 결정된 것은 아니기에, 목적을 설정하고 동시에 그 목적을 삶에서 실현하는 일종의 변증법적인 과정에서 목적이 구체적인 모습을 얻는 것이다.

가장 좋을수록 가장 실천하기 어렵다

때로 삶의 목적은 우리를 두렵게 만들기도 한다. 삶의 무엇이 우리를 두렵게 만드는가? 두려움에도 불구하고 실현하고 싶은 목적은 무엇인가? 이 두 질문은 결코 분리된 것이 아니다. 어느 정도의 두려움이 우리를 머뭇거리게 하는지는 우리가 목적을 얼마나 간절히 바라는가에 달려 있다.

예컨대 나는 어떤 상황에서든 스스로에게 정직하고 올바른 말을 하겠다는 삶의 목적을 세웠다고 생각해보자. 내가 지금까지 지지했던 사람 또는 집단이 도덕적으로 옳지 않은 일을 했을 때, 그것을 지적하고 비판하는 데는 많은 용기가 필요하다. 나의 비판이 자칫 의리를 저버린 행위로 비칠 수도 있기 때문이다.

하지만 자신의 목적에 진정으로 충실하기를 원한다면, 이런 두려움을 극복해야 한다. 결국 내가 원하는 목적이 진정한 목적이었는지는 두려움에 대처하는 감정적인 태도에 따라 평가된다.

극단의 시대에는 중용을 실천하는 것이 더 어렵다. 우리는 어쩌면 그 어려움 때문에 중용을 진부한 것으로 치부하고 도피하려는지도 모른다. 전통 사회에서는 극단의 산물이었던 것들이 현대 자본주의사회에서 오히려 미덕으로 평가받기도 한다. 탐욕, 사치, 이기심은 자본주의를 움직이는 핵심 동력이 되었다고 해도 과언이 아니다. 한때 극단으로 여겨졌던 것이 정상이 되고, 정상으로 여겨졌던 중간이 오히려 극단이 되는 자본주의사회에서 중용은 어쩌면 가장 실천하기 힘든 덕성인지도 모른다.

아리스토텔레스는 이런 점에서 중용이 극단이라고 말한다.

> 감정에서나 행위에서나 악덕의 한 편은 마땅히 있어야 할 것에 모자라고 다른 한 편은 지나친 반면, 덕성은 중간을 발견하고 선택한다. 이런 까닭에 덕성은 그것의 실체와 본질과 관련해서는 중용이지만, 최선의 것과 올바름의 관점을 따르자면 극단이다.[5]

도덕적으로 극단의 것, 즉 최선의 것은 오직 물질적인 중간을 통해서만 실천될 수 있다는 것이다. 극단이 정상이 되어버린 비정상적인 자본주의 시대에 중간을 찾는 삶의 예술이 비정상적인가?

우리는 삶의 예술로서의 중용 이론을 현대적으로 복원하고자 한다. 어떤 사람은 진부하다고, 또 어떤 사람은 쓸모가 없다고 말할 수도 있다.

그러나 목적 있는 삶을 살고자 한다면, 우리는 어쩔 수 없이 '어떻게 살아야 하는가'라는 실존적인 물음에 맞닥뜨린다. 2부에서는 자본주의사회에서 살아가며 부딪치는 여러 상황을 어떻게 해석하고 중간을 발견할 수 있는지 살펴보고자 한다. 우리가 마주하는 극단들에 대한 질문에 답해가는 과정에서 삶의 목적을 생각하는 자신을 발견할 수 있을 것이다.

2
부

감정과 사고의 균형

○　　욕망, 분노, 두려움, 대담함, 시기, 기쁨, 친애,
　　　미움, 갈망, 시샘, 연민…
　　　때론 즐거움을, 때론 고통을 수반하는
　　　이러한 감정들에 어떤 태도를 취하느냐에 따라
　　　우리의 성격이 결정되고,
　　　그것이 삶의 형식을 만들어낸다.

1

이기주의와 이타주의

윤리적 이기주의 사회

요즘 세상에 착하기만 해서는 살아가기 힘들다. 착하다는 것이 욕이 되는 세상은 은연중에 이기주의와 개인주의를 당연한 것으로 여긴다. 이기주의는 본래 사람은 자신에게 이익이 되는 것을 해야 한다는 윤리적인 태도이고, 개인주의는 이런 행위를 하는 개인의 권리와 가치를 강조한다. 이기주의와 개인주의가 어떻게 정의되고 이해되든 사람들은 그것을 '자기 이익'과 연관시킨다. 이기주의를 자신의 이익만을 꾀하고 사회 일반의 이익은 염두에 두지 않으려는 태도로 이해하는 것이다. 이런 경향 때문에 이기적이라는 비난이 종종 욕으로 여겨진다.

착하다는 것은 도덕적으로 선하다는 것을 의미한다. 착한 사람들은 대개 자기를 주장하는 대신 타인을 배려하고, 타인의 행복과 복리를 증진하기 위해 때로는 자기를 희생한다. 우리는 자기보다는 타인을 먼저 생각하는 사람을 착하다고 평가한다. 그런데 언제부터인가 '착하기만 하다'는 말은 더 이상 칭찬으로 들리지 않는다. 착하기만 한 것이 오히려 무능력과 동의어가 되었다. 그렇다면 우리의 도덕적 태도가 변한 것인가?

무엇에 무능하다는 뜻일까? 현대 자본주의사회는 엄밀히 말해 행위의 결과가 행위자에게 유익하다면 그 행위는 윤리적이라는 '윤리적 이기주의'에 바탕을 두고 있다. 이기적이기 위해서는 두 가지 능력이 필요하다. 첫째는 무엇이 자기 이익인지를 알아야 하고, 둘째는 어떤 수단들이 자기 이익을 증대하는 데 가장 효율적인지를 판단할 수 있어야 한다. 그러니까 그저 착하기만 한 사람은 무엇이 자신에게 이익이 되는지 모를 뿐만 아니라, 그것을 실현할 합리적인 방법도 알지 못한다는 의미다. 착하기만 해서는 제대로 살 수 없는 노릇이다.

사람들은 물론 착한 사람을 좋아한다. 설령 우리의 모든 행위가 이기심에서 나온 것이라 할지라도, 사람들은 서로에게 윤리적이기를 바란다. 사람들은 종종 현대사회의 모습을 자신의 이익을 위해 비열하게 다투는 이전투구泥田鬪狗와 약육강식의 논리가 지배하는 '정글'로 비유하는데, 그것은 우리가 탈출해야 할 야만의 상태지 결코 문명의 이상은 아니다. 인간은 본래 이기적이라는 인식에서 출발해 현대 국가의 필요성을 역설한 영국의 철학자 토머스 홉스는 자연 상태를 "만인에 대한 만인의 투쟁"[1] 상태로 묘사한다. 이런 이기적인 인간들에게 둘러싸인 상태에서는 아무리 이타적인 사람이라도 사실 한결같이 착하기는 힘들다. 우리는 때에 따라서 이기적일 줄도 알아야 한다.

이쯤 되면 인간의 행동을 설명하는 두 가지 모델, 즉 이기주의와 이타주의의 싸움은 불공평한 것처럼 보인다. 이기주의는 인간의 자연적인 성향으로 아무런 문제가 없어 보이는데, 이타주의는 종종 의심의 눈길을 받기 때문이다. 이타주의는 정말 가능한가? 인간의 모든 행위가 궁극적으로는 행위자의 욕망을 따르는 것이라면, 이타주의 역시 이기주의의 일종이 아닌가? 인간의 보편적 이기심을 설파한 홉스의 일화가 이를 잘 말해준다.

어느 날 친구와 함께 런던 거리를 걷던 홉스가 구걸하는 거지에게 돈을 주려고 발길을 멈췄다. 이 광경을 보고 놀란 친구가 홉스에게 오랫동안 이기주의의 보편성을 주장하던 사람이 왜 적선을 베푸는 것이냐고 물었다. 이에 대해 홉스는 그것은 전혀 모순되는 일이 아니라고 반박하면서, 그의 행위 동기는 순전히 자기 이익이었다고 말했다. 거지가 고통당하는 것을 바라보는 일이 괴로워서 적선을 베푸는 행위가 자신의 기분을 좋게 만들었다는 것이다. 행위의 결과가 이타적으로 보이기는 하지만 실제로는 이기적인 동기에서 이루어진 것이다.

공감은 이타적인가

우리는 때로는 이기적으로 행동하고 때로는 이타적으로 행동한다. 그런데 행위와 의도가 항상 일치하는 것은 아니다. 이기적인 동기에서 행한 일이 결과적으로는 타인의 삶과 사회에 이익이 될 수도 있고, 이타적으로 행한 일이 오히려 타인에게 해를 끼칠 수도 있다. 현대 과학은 우리의 유전자가 이기적이라고 말하지만, 우리는 유전자에 따라서만 행동하지는 않는다. 설령 생존이 진화 과정의 목표일지라도 자연 선택으로 형성된 우리의 목표는 단순한 생존이 아니다. 음식을 먹는 것이 궁극적으로는 유전자가 자기 복제를 할 수 있도록 우리 몸을 보존하기 위한 것이지만, 먹는 행위의 실제 목표는 다양하다. 배고파서, 심심해서, 불안을 극복하기 위해서, 다른 사람들과 소통하기 위해서, 축제를 위해서 음식을 먹는다.

협동과 이타심을 진화론적으로 설명하려는 입장 역시 마찬가지다. 다른 사람에게 친절한 것이 결국 생존에 이로웠기 때문에 조상 대대로 유전 형질로 굳어졌을 수도 있다. 극단적인 고립 상태에서 모든 사람이 이기적이기만 하면 이타적 집단을 이루는 것보다 생존 확률이 떨어진다. 이때는 남을 돕는 것이 결국 자신에게 이로운 일이다. 그렇지만 우리가 다른 사람을 도울 때 생존을 생각하는 것은 아니다. 섹스를 할 때 번식을 생각하지 않고 또 음식을 먹을 때 생존을 걱정하지 않는 것처럼, 사람들은 자연스럽게 다른 사람들의 안녕과 복지에 관심을 가질 뿐이다. 진화 과정이 우리 안에 특정한 타인의 운명에 관심을 갖도록 이타주의적인 성향을 불어넣었을 수도 있다. 우리가 아무리 이기주의적인 입장을 취한다고 하더라도 사랑, 우애, 동정, 감사와 같은 이타적 감정과 성향을 부인할 수 없는 이유다.

이처럼 이기주의와 이타주의는 결코 서로를 배제하지 않는다. 이타적인 사람이라도 이기심이 있고, 매우 이기적인 사람도 이타적인 감정을 부정하지 않는다. 우리는 이타주의와 관련된 '공감'을 너무 진지하게 받아들이는 경향이 있다. 이기주의는 병리적 요소가 있다고 여기는 반면, 이타주의에 관해서는 항상 좋은 것만을 기대한다. 공감 능력이 떨어지면 다른 사람들의 복지에 관심이 없는 냉담한 사람이라고 생각하지만 실제로는 그렇지 않다. 다른 사람들에게 마음을 쓰는 데는 공감 외에도 다른 이유들이 많다. 공감 지수가 높으면 좋은 사람이고, 공감 지수가 낮으면 나쁜 사람인 것은 아니다. 이는 합리성과 관련이 있다.

효율적 이타주의

이기주의자든 이타주의자든 다른 사람들과 함께 살아가려

면 윤리적이어야 한다. 그런데 '윤리적인 것이 합리적인가?', '윤리적인 것이 나에게도 좋고 동시에 다른 사람들에게도 좋은가?' 하는 것이 문제다. 다른 사람들을 돕는 이타적 기부 행위가 반드시 사회를 더 좋게 만드는 것은 아니라는 연구 결과가 있다. 공감과 동정심만으로 행하는 대신 실질적으로 무엇이 사회에 좋은 결과를 가져올지 생각하는 냉철하고 합리적인 태도가 필요하다고 한다. 이를 '효율적 이타주의effective altruism'라고 한다. 효율적 이타주의를 주장하는 철학자이자 실천윤리학의 거장 피터 싱어는 "자선 단체에 기부할 때 정서적 호소에 반응해서 기부하기보다는 비용 효과적으로 생명을 살리고 고통을 줄인다고 검증된 단체에 기부해야 한다"[2]고 말한다. 본인이 기부하고 있다는 사실에 뿌듯함을 느끼는 대신 기부의 긍정적인 효과를 냉철하게 판단해야 한다는 것이다.

백혈병 진단을 받고 3년째 항암 치료를 하며 투병 중인 다섯 살 소년 마일스 스콧의 소원은 '배트키드Batkid가 되는 것'이다. 이 이야기를 들은 비영리 기관 메이크어위시 재단Make-A-Wish Foundation은 이 아이의 소원을 들어주기 위해 대대적인 이벤트를 마련한다. 이 이벤트는 세계적으로 화제가 되며 많은 사람에게 훈훈한 감동을 주었다. 그런데 어린이의 소원 한 건당 들어가는 평균 비용이 약 7500달러. 적지 않은 금액이다.

싱어는 여기서 진지하게 묻는다. 한 어린이의 소원을 들어

주는 것과 한 생명을 구하는 것 중 하나를 선택하라고 하면, 우리는 두말할 나위 없이 생명을 선택할 것이다. 그렇다면 그 돈을 말라리아 예방에 써서 최소한 어린이 세 명 또는 그보다 많은 생명을 구하는 것이 더 좋은 일 아닌가? 우리의 이타적 행위가 실제로 좋은 결과로 이어지려면, 우리는 각자 할 수 있는 한에서 선善을 최대화할 방법을 합리적으로 강구해야 한다.

싱어가 들려주는 '배트키드 이야기'는 공감에 따른 따뜻한 기부가 반드시 최선의 결과를 가져오는 일은 아니라는 것을 보여준다.[3] 진정으로 좋은 사회를 원한다면, 우리는 이기주의와 이타주의의 양극단에서 균형을 잡아야 한다. 여기서 균형이 적당히 이기적이고 또 적당히 이타적이어야 한다는 말로 들릴 수도 있지만, 균형의 기준과 원칙은 선의 최대화다. 나의 이익이 동시에 다른 사람에게도 이익이 되는 것은 어려울 수도 있지만, 나의 이익을 장기적으로 최대화하려면 다른 사람의 이익을 배려해야 한다는 '계몽된 자기 이익'의 관점은 가능하다.

반대로 "다른 사람의 복지를 증대하려는 궁극적인 목표를 가진"[4] 이타주의자도 윤리적으로 살겠다는 자신만의 가치관을 갖고 있어야 한다. 윤리적 삶의 핵심은 다른 사람들의 생명과 안녕도 내 생명과 안녕만큼 중요하다고 인식하는 것이다. 코로나19로 인한 재난 상황에서 자신뿐 아니라 타인의 안전을 위해 잊지 않고 마스크를 쓰는 것 역시 이타적인 행위다. 이런 점에서 이기적 동기에서든 아니면 이타적 동기에서든 다른 사람을 배려한다면, 그는 근본적으로 이타주의자다. "이기주의와 이타주의는 누군가의 행복 추구가 타인에 대한 능동적 배려를 포함하는지 여부로 따져야 한다."[5]

우리는 윤리적 관점에서 이기주의와 이타주의의 균형을 이뤄야 한다. 이 세상에 극단적인 이기주의자는 없다. 모든 사람이 타인의 복지를 위해 철저하게 자신을 희생하는 성인이 될 수도 없다. 우리는 이기주의자도 타인을 배려할 수 있는 지점에서 출발해야 한다. 그곳은 이타주의자가 합리적이 되는 지점이기도 하다. 합리적인 사람이란 자신의 관심사와 도덕적 의무에 합리적인 믿음을 세우고, 그 믿음에 충실한 사람이다. 합리적인 사람은 타인의 이해관계를 무시하고 살면서는 결코 자존감을 갖지 못하며, 윤리적으로 살 때 비로소 진정한 자존감을 갖는다. 윤리적으로 산다는 것은 세상을 우리가 태어났을 때보다 더 나은 곳으로 만드는 일에 기여하는 것이다. 그렇다면 우리는 무엇이 나에게 그리고 우리에게 좋은 것인지 성찰해야 한다. 좋은 사회를 위해 다른 사람을 존중하고, 남의 말에 귀를 기울이고, 타인을 배려하는 사람이라면 이기주의자인지 이타주의자인지를 구분하기가 쉽지 않다. 사람들이 행복해지는 모습을 보는 것이 가장 큰 기쁨이라고 말하는 이기주의자가 많아지면 더 좋지 않겠는가.

2

화와 분노

화와 분노는 다르다

세상에는 화낼 일이 참 많다. 와인 잔에 떠다니는 코르크 부스러기는 오랫동안 기대했던 좋은 시간을 망치고, 비곗덩어리만 잔뜩 들어 있는 갈비탕은 우리를 화나게 한다. 운전하면서 깜빡이도 켜지 않고 끼어드는 자동차에 화를 내고, 제한 속도를 준수한답시고 추월선을 느긋하게 독주하는 운전자에게 분통을 터뜨린다. 친하다는 이유만으로 남의 사생활을 존중하지 않는 오지랖도 화를 돋우고, 다른 사람의 시선과 기분은 아랑곳하지 않고 큰 소리로 떠들어대며 공공장소를 자신들의 안방으로 만드는 몰지각한 사람들에게도 화가 치솟는다. 공익과 국가는 안중에도 없고 당파적 이해관계에만 몰두하는 정당들에 화가 나고, 입으로는 수도 없이 국민을 위한다고 말하면서도 실제로는 자신들의 이익만을 추구하는 정치인들에게 분노한다.

우리는 어디를 가든 화와 분노를 피할 수 없다. 친밀성의 영역인 가정에서든, 다른 사람들과 교제하는 사회에서든, 정의로운 사회를 만드는 정치 영역에서든 화낼 일이 너무 많다. 다른 사람들과 관계를 맺으며 살아갈 수밖에 없는 우리에게 화를 피할 방법은 없는 것처럼 보인다.

모든 것에 사사건건 불같이 화를 내는 사람이 있는가 하면, 화를 내면서도 금방 자신의 중심을 찾는 사람도 있다. 화와 분노가 삶과 밀접하게 연관된 감정이기에 여기서도 균형이 필요하다. 모든 일에 앞뒤 가리지 않고 욱해서 격한 마음을 제대로 다스리지 못하는 사람은 '극도로 화를 잘 내는 사람'이다. 만약 화를 내는 것도 일종의 능력이라면, 이와 관련된 모자람은 '화를 낼 줄 모르는 것'이다. 화와 분노는 자신에게 또는 자신이 중요하다고 생각하는 사람들에게 가해진 불의와 고통에 맞서는 반동적인 감정인데, 고통과 불의를 당하고도 화를 내지 못하는 것은 자신을 방어하지 못하는 것이다. 그렇기에 사람들은 대체로 화를 내지 못하는 사람을 업신여긴다. 아리스토텔레스에 따르면 마땅히 화를 내야 할 일에 화를 내지 않는 사람은 어리석은 사람으로 여겨진다.

> 모욕을 당하고도 그냥 참는 것, 자신의 가족이나 친구들이 당한 모욕을 도외시하는 것은 노예적인 일이다.[1]

문제는 화를 내는 것이 아니라 화가 지나쳐 마음의 평정을 깨뜨리는 것이다. 마땅히 화를 내야 할 것에 도를 넘지 않게 화를 내고, 분노가 지나치게 오랫동안 지속되지 않는다면 화와 분노는 문제가 되지 않는다.

> 마땅히 화를 낼 만한 일에 대해 마땅히 화를 낼 만한 사람에게 화를 내는 사람은, 더 나아가 마땅한 방식으로, 마땅한 때, 마땅한 시간 동안 화를 내는 사람은 칭찬을 받는다.[2]

반대로 어떤 사람은 화를 낼 만한 일이 아닌데도 화를 내고, 엉뚱한 사람에게 화풀이하기도 한다. 성미가 급해 너무 빨리 화를 내는 것도 문제지만, 분노를 억누르고 오랜 시간 화를 풀지 않는 꽁함도 문제다. 화를 불같이 내지만 뒤끝이 없는 것도, 성을 버럭 내는 대신 화를 속으로 삭이는 것만큼이나 해롭다. 전자는 남에게 상처를 주지만, 후자는 자신에게 깊은 상처를 남기기 때문이다.

분노하라, 마땅한 때

분노가 살아가면서 피할 수 없는 감정이라면, 우리는 화내는 법을 배워야 한다. 화내는 법을 배우려면, 화와 분노의 이중적 특성부터 알아야 한다. 분노는 한편으로 도덕적인 삶에서 의미 있는 역할을 한다. 우리는 사회적 불의를 보면 격노할 줄도 알아야 한다. 프랑스의 레지스탕스이자 사회운동가인 스테판 에셀은 사회의 양극화를 심화해 평화와 민주주의를 위협하는 세계 금융 자본의 횡포에 "분노하라"고 말한다.[3] 그의 나이 92세에 발표한 32쪽 분량의 《분노하라》는 전 세계적으로 분노 신드롬을 일으켰다. 더 나은 세상을 꿈꾸라는 호소가 담긴 이 책에서 그는 무관심은 정의로운 사회를 실현하는 데 최악의 태도이며, 좋은 분노가 필요하다고 역설한다. 도덕적 가치로 유용한 분노는 삶과 사회의 균형이 깨졌을 때, 정의로운 관계가 손상되었을 때 이를 복원하려는 반동적인 태도와 감정이다.

우리는 악행과 불의를 보면 분노하면서 "얼마나 충격적인 일인가. 어떤 조치가 이뤄져야 한다"라고 말한다. 이런 감정이 미래의 바람직한 상태를 지향하는 생산적인 경향을 띠기도 하지만, 대부분 훼손된 상태를 복원하려는 경향이 훨씬 강하다. 다시 말해 분노라는 감정은 대체로 보복과 앙갚음을 지향한다. 남이 나에게 해를 준 대로 나도 그에게 해를 주려는 앙갚음이나 남에게 당한 부끄러움을 씻으려는 설욕은 훼손된 상태를 복원하는 데 어느 정도 효과적이다. 이런 점에서 보복을 지향하는 분노가 부정적이기는 하지만 불의에 대처한다는 도덕적 가치를 갖기도 한다.

미국의 저명한 법철학자 마사 누스바움은 우리가 일상생활에서 경험하는 분노의 유용성을 세 가지로 압축하여 제시한다.

> 첫째, 분노는 사람이 부당한 취급을 받아 모욕감을 느꼈을 때 존엄과 자존감을 보호하기 위해 필요하다. 둘째, 나쁜 짓에 대한 분노는 가해자를 심각하게 받아들이는 데 꼭 필요한 요소다. 셋째, 분노는 불의에 맞서 싸우는 데 핵심적인 요소다.[4]

물론 이런 유용성 자체가 분노를 정당화하지는 못한다. 가해자에게 앙갚음함으로써 희생자의 손상된 도덕적 가치를 복원하려는 분노와 보복은 종종 양자에게 나쁜 영향을 미칠 뿐만 아니라 오랫동안 지속되면 사회관계를 더욱 악화시키기 때문이다.

분노는 때로 적절하고 품위 있는 인간관계를 위협한다는 특성이 있다. 화를 내는 사람이나 참는 사람 모두 사회적 관계에 어려움을 겪기 마련이다. 동서고금을 막론하고 상식적으로 화는 다스려야 하는 대상이다. 고대 그리스 철학과 스토아 철학은 화와 분노를 우리의 삶을 뒤흔들어놓는 가장 위험한 것으로 여겼다. 현대 문명에서 분노는 일종의 사회적 질병이다. 살인 사건 열 건 중 네 건은 홧김에 저지른 분노 범죄라는 사실이 이를 말해준다.

이해하기 힘든 잔혹하고 엽기적인 범죄 행위의 바탕에 공통적으로 자리한 요소가 분노다. 우리는 타인에게 받은 모욕감을 스스로 해결하지 못하고 분노를 극단적인 방식으로 표출하는 분노 사회에서 파괴적인 잔혹 범죄에 노출되어 있다. 밧줄에 의지해 고층 아파트 외벽 도색 작업을 하던 작업자의 밧줄을 공업용 커터 칼로 끊어 숨지게 한 이해하지 못할 범죄가 벌어졌는데, 범행 동기가 너무 어처구니없었다. 시끄럽다고 했는데 음악이 계속 나와서 욱하는 마음에 그랬다는 것이다. 인터넷 속도가 너무 느리다는 이유로 자신의 원룸을 방문한 인터넷 수리 기사를 살해하고, PC방 아르바이트 직원이 불친절하다고 안면부와 목 부위를 80회나 칼로 찔러 잔혹하게 살해하기도 한다. 무엇이 이들을 악마로 만든 것인가? '분노조절장애'라는 낱말이 일상어가 된 것처럼 분노는 이제 사회적인 질병으로 인식된다.

지극히 사소한 분노

분노를 조절하는 법을 가르치는 수많은 심리학적 조언과 치유책이 있지만 화를 다스리기는 쉽지 않다. 분노의 이중적 특성, 즉 불의에 대한 정당한 대응이자 다른 한편으로는 사회관계를 파괴하는 사회적 질병이라는 특성 때문에 이 감정 역시 균형의 지혜가 필요하다. 균형의 목표는 결코 화를 내지 않는 것이 아니다. 마땅한 때 정당한 대상에게 적절한 정도로만 화를 내는 것이 목표다. 그것이 분노와 관련된 덕성이라고 할 수 있는 '온화'의 목표다.

> 온화한 사람은 동요가 없는 사람이며, 또 감정에 의해 휘둘리지 않고 이성이 명한 것처럼 그렇게, 화를 낼 만한 대상에 대해 화를 낼 시간 동안 노여워하는 사람이다.[5]

그렇다면 어떻게 화를 내면서도 격렬한 분노에 휘둘리지 않을 수 있을까? 우리는 종종 어떤 일에 화를 내면서도 화를 참지 못한 자신에게 더 화를 낸다. 몇 초만 참고 이성적으로 생각해보면 화낼 일이 아닐 수도 있고, 지나치게 화를 냈을 수도 있기 때문이다. 그러므로 일상생활에서 화를 다스리는 연습을 반복해야 한다.

화와 분노를 철학의 주제로 설정한 가장 대표적인 철학자는 세네카다. 로마 제정시대 정치가이자 후기 스토아 철학의 상징인 세네카는 분노를 "짧은 시간의 정신 이상"이라고 정의하면서, "인간에게 이보다 더 많은 희생을 치르게 한 질병은 없다"[6]고 단언한다. 분노는 때로 유용하지만, 분노로 야기되는 피해가

실로 엄청나다. 분노를 참지 못해 수많은 잔혹 범죄가 일어나고, 분노 때문에 한 도시와 국가가 파괴되기도 한다. 일상생활에서는 피해자와 가해자 모두에게 심각한 상처를 남기며, 결국 사회관계를 파괴한다. 게다가 우리는 오늘날 화내고 분노할 일이 흘러넘치는 사회에 살고 있다. 화를 다스릴 줄 모르면 늘 화를 내고 있어야 한다. 세네카에 의하면 화를 내는 것은 소중한 시간의 낭비다.[7]

왜 우리는 화내지 않아도 될 일에 쓸데없이 화를 내는가? 여기에 답하려면 분노가 폭력적인 성향을 띠기 시작하는 순간에 주목해야 한다. 분노가 폭발하기 위해서는 감정이 장기간 누적되어야 한다. 그런데 분노를 그때그때 풀지 못하고 쌓이게 만드는 것은 '자존감의 손상'이다. 다시 말해 자존감이 손상되었을 때 이를 즉각 폭력적인 방식으로 회복하고자 하는 것이 분노다. 열등감과 자괴감이 많은 사람이 자존감이 손상되었을 때 화를 해소하지 못하고 오랫동안 참으면 분노가 폭발한다. 화는 다스리는 것이지 참는 것이 아니다. 폭력적인 분노의 다른 요소는 원한을 품고 앙갚음하려고 벼르는 '앙심'이다. 화를 곧바로 풀지 못하면 해소되지 못한 지속적인 분노가 특정한 계기에 엉뚱한 사람에게 폭발한다.

장시간 누적된 분노를 폭발시키는 계기는 대부분 사소하거나 하찮은 일들이다. 이뿐만 아니라 자존감을 훼손하는 것도 거창한 불의가 아니라 오히려 사소한 일들이다. 스토아 철학은 앞서 다룬 김수영 시인의 시 〈어느 날 고궁을 나오면서〉의 첫 구절처럼 "왜 나는 조그마한 일에만 분개하는가?"의 질문으로 시작한다. 세네카는 분노가 지극히 사소한 일들과 연관이 있다고 말한다.

> 재바르지 못한 노예, 미지근한 음료수, 엉망진창인 침상, 형편없이 차려진 식탁. 이런 사소한 것들에 자극을 받는 것은 미친 짓이다.[8]

사소한 일에 화를 내지 않으려면, 우리의 자존감에 중요한 것과 중요하지 않은 것이 무엇인지를 알아야 한다. 일상생활에서 마주하는 하찮은 일들에 너무 많은 가치를 두지 않으면, "그까짓 일로 화낼 필요는 없잖아!"라고 웃어넘길 수 있다.

그렇다면 소중한 것과 하찮은 것을 어떻게 구별할 수 있는가? 스토아 철학은 여기서 불행을 예견하고 성찰하는 전략을 제안한다. 그것 없이 살 수 없을 정도로 소중한 것인가를 판단하려면, 그것을 상실했을 때의 불행을 미리 그려볼 필요가 있다. 부, 명예, 지위, 평판 같은 외면적인 것들이 삶에서 정말 중요한 것인가를 한 번쯤 생각해본 사람은 이들이 훼손되었을 때 그러지 않은 사람보다 쓸데없는 분노에 휩쓸리지 않을 가능성이 크다.

끝으로, 정당하게 화를 낼 때 어느 정도 화를 내는 것이 적절한가? "우리의 분노는 항상 우리에게 분노를 유발한 피해보다 더 오랫동안 지속된다." 분노가 실질적 피해보다 더 오랫동안 이어지면 폭력적으로 변할 가능성이 크다. 아무렇지도 않은 일에 화를 내면, 우리 마음에 남긴 외상은 훨씬 더 심각하다.

사실 분노를 일으키는 일들은 우리 삶에 실질적인 해가 되지 않는다. 대부분 짜증나는 일들일 뿐이다. 인생은 짧은데 하찮은 일에 쓸데없이 화를 내면서 허비할 필요는 없지 않은가. 화 낼 일을 줄이는 것이 지혜로운 것이다. 화를 내지 않고 살 수는 없겠지만, 화가 우리의 삶을 망치지 않게 할 수는 있다.

3

인정과 모욕

타인은 지옥이다

우리에게 가장 큰 기쁨을 안겨주는 것은 타인이지만, 가장 견디기 힘든 고통과 괴로움을 느끼게 하는 것도 타인이다. 사랑하는 사람을 처음 만난 날을 떠올려보라. 매일 지나치며 보았던 동네 어귀의 나무를 달리 보이게 하고, 머리 위의 하늘에 떠다니는 구름을 마치 처음 보는 것처럼 빛나게 만드는 것, 그것은 다른 사람을 향한 사랑이다. 어느 극작가가 얘기한 것처럼, 우리가 사랑하는 사람이 어떤 사람인지 별로 말할 게 없다는 사실이 정말 특이하다. 우리는 그를 단지 사랑할 뿐이다. 왜 사랑하는지 그 이유를 설명할 수 없을 정도로 사랑은 신비로운 감정이지만, 우리에게 평생 지속될 지고한 기쁨을 제공하는 것이 타인이라는 사실만은 부인할 수 없다.

사랑이 최고의 기쁨을 가져다준다면, 사랑이 끝났을 때 참을 수 없는 고통을 안겨주는 것도 한때 사랑했던 바로 그 타인이다. '실연의 아픔을 경험하지 못한 사람은 사랑을 논하지 말라'는 말처럼, 기쁨은 항상 고통을 수반한다. 우리의 감정을 기쁨과 고통의 소용돌이 속으로 몰아넣는 것은 타인이다. 전혀 모르던 타인을 가장 친밀한 동반자로 만드는 것이 사랑이라는 사실을 인정한다면, 타인을 어떻게 대할 것인지는 우리 삶의 아주 큰 사건이다. 우리는 진정한 삶을 위해 타인과 관계를 맺지만, 그 관계로부터 고통을 당한다. 실존주의 철학자 사르트르의 "타인은 지옥"¹이라는 말을 상기하지 않더라도 우리가 어떤 사람과 어떻게 관계를 맺는가는 중요한 문제다.

이처럼 인생에서 타인은 사랑과 우정 같은 커다란 기쁨의 원천이지만, 동시에 우리가 경험하는 부정적인 감정의 원인이기도 하다. 어딜 가든 긴 줄을 무시하고 새치기하는 타인은 우리를 화나게 만들고, 자신들만 고민이 있는 것처럼 행동하는 친척과 친지는 우리를 수시로 괴롭힌다. 스스로는 변하지 않으면서 자신의 경험을 일반화해 남을 가르치려 드는 꼰대들은 우리의 짜증을 돋우고, 상사의 모욕은 우리의 하루를 망치며, 동료의 나태와 무능력은 우리의 업무량을 크게 늘려 스트레스를 유발한다. 평상시 살갑게 대하던 친구가 어느 날 인사도 하지 않고 나를 지나치거나 중요한 모임 자리에 나를 초대하지 않아 무시당했다는 느낌을 받으면 쉽게 잊히지 않는다. 우리에게 고통을 주고 평정심을 잃게 하는 것은 바로 타인이다.

우리에게 아무런 짓을 하지 않을 때조차도 타인은 우리의 삶과 마음을 어지럽힌다. 우리는 좋은 삶을 살기 위해 좋은 사람들과 관계 맺기를 원한다. 친구와 친지, 이웃과 동료, 그리고 생판 모르는 사람도 우리를 좋게 생각하고 좋게 대하는 좋은 사람이기를 바란다. 자기는 다른 사람들에게 잘 보이기 위해 얼마나 많은 노력을 기울이는가. 옷을 제대로 차려입고, 멋있는 차를 타고, 근사한 집에 살면서 좋은 이웃과 함께하기를 바란다. 그렇지만 타인들의 생각을 통제할 수는 없기 때문에 이런 노력들은 항상 불안을 동반한다. 우리의 선택들이 잘못될 수도 있고, 다른 사람들이 우리를 형편없다고 생각할 수도 있다.

우리가 바람직하다고 생각한 것들이 타인의 눈에는 정반대로 비칠 수도 있다. 자신을 솔직하게 드러내는 것이 다른 사람에겐 어울리지 않게 으스대는 것으로 보이고, 지나친 겸손이 때로는 솔직하지 못하고 엉큼하다는 의심을 자아낸다. 우리의 선택과 행위가 설령 타인의 환심을 사고 찬탄을 받는 데 성공한다고 하더라도, 우리가 그들의 질투와 시기심마저 통제할 수는 없

타인을 어떻게 대할 것인지는 우리 삶에서 아주 큰 사건이다.
우리는 진정한 삶을 위해 타인과 관계를 맺지만,
그 관계로부터 고통을 당한다.

다. 그것은 현실적으로 불가능하다. 평정심을 최고의 덕성으로 생각한 스토아 철학자 세네카의 말은 문제의 정곡을 찌른다.

얼마나 많은 사람이 당신을 시기하는지를 알고 싶으면, 당신을 숭배하는 사람들의 수를 헤아려보아라.[2]

아무리 좋은 삶을 살고 있는 사람이라도 타인에게 부정적인 감정을 불러일으킬 수 있다는 점을 부인할 수는 없다. 문제는 타인이다.

관계의 양극단, 칭찬과 모욕

타인과의 관계는 우리의 감정을 어지럽힘으로써 삶을 동요시킬 힘을 가지고 있다. 그렇다면 우리는 어떻게 타인과 균형 잡힌 관계를 맺을 수 있을까? 이 물음에 답하기 위해 타인과의 관계에서 삶의 균형이 언제 깨지는지 따져보자.

타인과의 사회적 관계는 언제나 말과 행위를 나눔으로써 이루어진다. 아리스토텔레스는 《니코마코스 윤리학》 제4권 6장에서 '교제와 관련한 덕성'을 얘기하며 두 종류의 사람을 언급한다. '즐거움을 위해 모든 것을 칭찬하고 반대는 절대로 하지 않으면서 누구를 만나든 괴로움을 주지 않는 사람들'과 '이들과는 정반대로 모든 것에 반대하며 괴로움을 주는 것에 대해서는 조금도 신경 쓰지 않는 사람들'³이 있다는 것이다.

아리스토텔레스는 이런 품성을 윤리적으로 바람직하지 않은 양극단으로 생각했다. 좋은 말만 하면서 속없이 친해지려는 사람들이나 타인의 괴로움에 공감하기는커녕 오히려 깔보고 욕하는 싸움꾼은 사회적 교제에서 피해야 하는 사람들이다. 우리가 추구해야 할 사회적 관계의 덕성은 이 양극단의 중간이다. 아리스토텔레스는 이 중간 상태를 일컬을 이름은 없지만 '우정philia'과 가장 가깝다고 말했다. 사람들은 이익 때문에 친구가 되기도 하고, 즐거움을 이유로 친구 관계를 맺기도 하지만, 진정한 친구는 서로 공유하는 선善을 통해 관계를 유지한다.

> 좋은 사람들은 그들이 좋은 한 그들 자신을 이유로 친구가
> 된다.⁴

문제는 '좋은 사람들'이라는 것을 어떻게 알 수 있는가다. 여기서 우리는 아리스토텔레스가 사회적 관계의 양극단으로 서술한 사람들의 행위에 주목해야 한다. 그것은 '칭찬compliment'과 '모욕insult'이다. 모욕하는 사람이 좋은 사람일 턱이 없지만, 칭찬만 하는 사람도 결코 좋은 사람은 아니다.

칭찬은 특정한 상황에서 이루어진 타인의 좋은 점이나 훌륭한 행위 또는 성과를 높이 평가하는 말이다. 그러므로 타인의

존재와 행위에 주의를 기울이지 않는다면, 타인을 칭찬할 수 없다. 타인과 사회적 관계를 맺으면서 자신이 좋다고 생각하는 것을 타인이 했을 때 우리는 칭찬을 한다. 칭찬을 하려면 타인에게 관심을 가져야 하고, 타인의 행위를 인지해야 하며, 좋은 것에 관한 공동의 인식이 있어야 한다. 그리고 이러한 관심과 평가를 말로 표현해야 한다. 칭찬을 받는 사람은 타인의 인정을 받았다는 데서 즐거움을 느끼고, 칭찬하는 사람 역시 상대방의 즐거움을 보며 기뻐한다. 이렇게 칭찬은 사회적 관계에서 좋은 것을 행함으로써 좋은 관계를 맺는 강력한 동기를 부여한다. 칭찬은 고래도 춤추게 하는 마법을 가졌다지 않은가.

칭찬이 아첨이 될 때

우리가 사람을 사귀는 것은 더불어 즐거워하기 위해서지만, 즐거움을 주려는 칭찬이 항상 의도대로 이루어지지는 않는다. 사람들은 칭찬을 받으면 종종 어찌할 바를 모른다. 왜 그럴까? 칭찬하는 사람과 칭찬받는 사람의 생각이 다를 수 있기 때문이다. "오늘 정말 멋있어 보여요!"라는 칭찬이 스스로 그렇게 생각하지 않는 사람에게는 당혹감을 안겨준다. 칭찬이 상대방에게 긍정적인 기운을 북돋워주는 효과를 발휘하려면 진정성이 있어야 한다. 사회성 기술인 칭찬에도 일종의 테크닉이 필요하지만, 칭찬의 가장 기본적인 무기는 두말할 것 없이 진정성이다. 자신이 생각하는 것을 바탕으로 아무런 꾸밈없이 진지하게 표현한 칭찬은 순수한 즐거움을 유발한다. 듣는 사람도 말하는 사람도 기분이 좋아진다.

그렇지만 환심을 사거나 잘 보이려는 의도로 건넨 가짜 칭찬은 아첨일 뿐이다. 진정성이 없는 아첨은 속이 훤히 들여다보이기 때문에 지속될 수 없다. 칭찬하는 사람의 동기는 의심받고 결국에는 관계를 깨뜨린다. 칭찬하는 사람을 믿을 수 없게 만든다는 점에서 가짜 칭찬은 사회적 관계에서 이루어지는 칭찬의 이중성을 드러낸다. 칭찬은 한편으로 상대방의 좋은 점과 행위를 긍정적으로 평가함으로써 호의를 이끌어내지만, 다른 한편으로는 사회적 관계에서 상대방의 지위를 드러내기도 한다. 이런 칭찬의 전형이 바로 '에두른 칭찬backhanded compliments'이다.[5]

칭찬이긴 한데 모욕적으로 들릴 수도 있는 칭찬을 '에두른 칭찬'이라고 한다. 어떤 회의에서 비교적 성공적으로 발표를 마친 사람에게 동료나 상사가 다가와 이런 칭찬을 했다고 상상해보자. "발표가 좋았어요. 아이디어가 매우 인상적이었어요" 같은 호의적인 말을 듣고 기분이 좋지 않을 사람은 없다. 그렇지만 "발표가 좋았어요. 인턴치고는 아주 잘한 거예요"라고 몇 마디 덧붙이면 어떻게 될까? "여자가 이렇게 훌륭하게 발표하는 걸 본 적이 없어요." "지난번에 봤을 때보다 훨씬 날씬해진 것 같아요." 실제로 일상생활에서 이런 칭찬은 다반사다. 부정적인 비교를 포함해 모욕적일 수 있는 에두른 칭찬은 칭찬받는 사람의 기분을 상하게 해 관계를 나쁘게 만든다.

우리는 기본적으로 다른 사람들이 좋아해주고 인정해주기를 바란다. 칭찬은 바로 이런 욕망을 겨냥한다. 타인의 환심을 산다는 것은 그에게 좋은 이미지를 주었다는 의미다. 칭찬하는 사람은 이미 칭찬이 다른 사람에게 즐거움을 줄 뿐만 아니라 자신에게도 긍정적인 효과를 가져온다는 사실을 알고 있다. 칭찬이 기만적이거나 가식적일 수 있는 것은 이 때문이다. 칭찬하는 사람의 지위가 낮다면 칭찬은 아첨으로 드러나고, 반대로 칭찬하는 사람의 지위가 높을 경우에는 칭찬이 오히려 찜찜한 불쾌감을 유발할 수 있다. 사람들은 다른 사람이 단순히 자신을 좋아해주기를 바랄 뿐만 아니라 존중해주기도 바라는데, 누군가와 비교해 지위를 확인하는 '에두른 칭찬'은 사람을 있는 그대로 존중하지 않기 때문이다.

우리는 존중받을 때 진정한 기쁨을 느낀다. 타인의 칭찬으로 자기 존중이 강화된다면, 칭찬은 우리에게 순수한 즐거움을 선사한다. 이런 점에서 자긍심이 높은 사람은 칭찬에 인색하지 않고, 또 타인의 칭찬도 잘 받아들인다. 칭찬을 받는 것이 어색하고 당혹스럽다면, 그것은 자신이 칭찬받을 자격이 없다고 부정적으로 평가하기 때문일지도 모른다. 타인의 칭찬을 빈정거리는 공격적인 대응도 마찬가지다. 칭찬하는 사람이나 칭찬받는 사람 모두를 불편하게 한다. 칭찬을 긍정적인 방식으로 감사하게 받아들이려면 먼저 자신을 존중할 줄 알아야 한다. 사람은 있는 그대로 인정받고 존중받기를 바란다. 아첨이 실제보다 더 크게 지어내어 '상대방이 좋아할 말'을 하는 것이라면, 진정한 칭찬은 있는 그대로를 진정성 있게 평가함으로써 '상대방을 존중하는 말'이다. 아첨은 적을수록 좋고, 칭찬은 많을수록 좋다. 그렇지만 칭찬과 아첨은 항상 결합해서 나타나기 때문에 균형을 찾는 것이 중요하다. 있는 그대로 보이는 것이 잘 보이는 것이라는 사실을 잊지 않으면 어려운 일은 아니다.

삶을 뒤흔드는 모욕감

칭찬이 다른 사람에게 즐거움을 주는 행위라면, 모욕은 의도적으로 괴로움을 주는 행위다. 모욕을 당하는 것만큼 참기 어려운 일도 없다. 우리의 자존감을 심각하게 훼손하기 때문이다. 우리는 언제 모욕감을 느끼는가? 우리의 특징과 행위를 거친 말로 비하할 때 모욕감을 느낀다. 대머리라고 놀리는 것도 모욕하는 것이다. 이런 무례한 말에도 개의치 않는다면 별로 문제가 되지 않겠지만, 체면이 깎이는 창피를 느꼈다면 모욕을 당한 것이다.

우리가 일상생활에서 쓰는 수많은 욕蓐은 사실 인격을 훼손하는 모욕侮辱의 수단이다. 드러내고 싶지 않은 사실을 의도적으로 폭로해 공개적으로 창피를 줄 때도 모욕감을 느낀다. 최고의 모욕은 존재 자체를 아예 인정하지 않고 무시하는 것처럼 행동하는 것일지도 모른다. 자신의 존재가 전적으로 부정당한다는 느낌을 받기 때문이다.

모욕의 사전적 의미는 '다른 사람을 경멸과 무시의 태도로 무례하고 공격적으로 대하는 말과 행위'다. 아리스토텔레스는 모욕을 일종의 분노와 연관 지으면서 "정당한 이유가 없는 사람들이 자신에게 가한 상상의 무시에 대한 상상의 응징에 따르는 고통을 수반하는 욕망"[6]으로 정의한다. 간단히 말해 모욕은 '무시 행위', '자신이나 자신과 가까운 사람들을 대상으로 함', '부당하게 행함', '고통 수반', '응징의 욕망'이라는 다섯 가지 요소를 포함한다. 우리는 자신 또는 자신과 가까운 사람에게 부당하게 행해진 무시 행위로 고통받으며, 이를 응징하고 싶은 강렬한 욕망을 가질 때 모욕감을 느낀다는 것이다. 모욕은 다양한 형태로 이루어지지만 핵심적인 것은 두말할 나위 없이 '무시slighting'다. 어떤 사람을 아무런 의미가 없는 잉여 존재로 취급하는 것이 가장 참기 어려운 모욕이다.

사회적 관계를 맺으면 모욕을 완전히 피할 수 없다. 고대부터 모욕은 사회적 실존의 핵심적인 문제다. 사회적 존재인 우리는 다른 사람에게 어느 정도 피해를 주고, 또 다른 사람에게서 어느 정도 상처를 받는다. 모욕을 뜻하는 영어 단어 인설트insult는 본래 상처를 입히는 신체적 공격이나 폭행과 관련이 깊다.

어떤 사람이 뺨을 때리거나 머리를 툭 치는 행위는 강한 모욕감을 불러일으킨다. 이 단어의 라틴어 어원 인술타레insultare가 '올라타다', '짓이기다'라는 의미인 것처럼 다른 사람의 몸을 단순한 지배 대상으로 취급함으로써 인격을 훼손하는 행위가 모욕이다.[7] 성적인 관점에서 보면 강간은 최고로 모욕적인 행위다.

우리가 다루는 모욕은 말로 하는 경멸 행위지만, 이러한 모욕이 신체적 모욕과 연관되어 있다는 점을 항상 기억해야 한다. 물론 말을 하지 않고도 모욕감을 줄 수 있다. 로마의 스토아 철학자 무소니우스 루푸스는 "흘끗 쳐다보는 것만으로도 모욕을 줄 수 있다"[8]고 말했다. 사람들은 모욕적인 시선에 불쾌감을 느끼고 감정을 통제하지 못하기도 한다. 물리적이고 신체적이지 않더라도 말 한마디, 시선 하나가 매우 큰 상처를 준다.

물리적으로 상해를 입힌 데다 모욕까지 더한다면 피해자의 인격은 완전히 훼손된다. 모욕은 행위가 이루어지고 난 뒤에도 오랫동안 남는 깊은 상처를 입힌다. 어떤 상사가 여러 사람 앞에서 망신을 주었다면, 시간이 많이 흘렀어도 특정한 계기로 그 사건이 떠올라 분노가 치밀 수도 있다. 학창 시절에 어느 선생님에게 당한 비인격적인 모욕 때문에 학교가 싫어질 뿐만 아니라 그 시절 자체를 생각하고 싶지 않은 경우도 많다. 우리를 속상하게 만드는 것들을 신중하게 관찰해보면 모욕이 어떻게 감정뿐만 아니라 삶을 뒤흔들어놓는지 깨닫게 된다.

모욕을 대하는 스토아 철학의 방식

우리에게 모멸감을 주는 사람은 주로 낯선 타인이기보다는 가까운 친구나 친지 또는 동료다. 낯선 사람은 공격적이기는 해도 모욕을 주는 경우는 드물다. 이와는 달리 가까운 사람들은 종종 드러내놓고 모욕을 준다. 일상적인 모욕은 '너는 왜 그렇게 멍청하니?'라는 핀잔처럼 직접적이지는 않다. 감지하기 힘들 정도로 훨씬 미묘하고 간접적이다. 대학을 졸업하고 직장에 다니다 여러 이유로 집에 있는 전업주부에게 "넌 집에서 대체 뭘 하니?"라는 단순한 질문을 던져도 모욕이 될 수 있다. 여기다가 "넌 일하지 않아서 참 좋겠다"라는 말로 염장을 지를 수도 있다. 이런 간접적인 모욕은 비일비재하다.

모욕을 당하면 당연히 화가 난다. 화와 분노는 우리의 평정심을 깨뜨리는 부정적인 감정이다. 물론 모욕을 준 사람에게 보복할 수도 있지만, 보복과 응징으로 상처가 치유되지는 않는다. 스토아 철학자들은 오히려 모욕을 당할 때도 화를 내지 않는 법을 발전시켰다. 우리 마음에 깊은 상처를 남기는 모욕의 예리한 칼날을 무디게 하는 것이다.

모욕을 당하면, 먼저 모욕하는 사람의 말이 사실인가를 잠시 생각해본다. 어떤 사람이 '대머리' 또는 '뚱뚱이'라고 놀릴 때 실제로 대머리거나 뚱뚱하다면 그 사람의 말에 굳이 모욕감을 느낄 필요가 없다는 것이다. 세네카는 "자명한 사실을 말하는 것이 왜 모욕이란 말인가?"[9]라고 되묻는다. 만약 이런 말에 쉽게 상처를 받는다면, 그 사람의 말 때문이 아니라 스스로 문제가 있다고 생각하는 마음 때문이다. 상대방의 말에 화를 내는 대신 자연스럽게 받아들인다면, 오히려 모욕적인 말을 한 사람이 쑥스러워할 수도 있다.

어떤 경우에는 모욕할 의도 없이 모욕적인 말을 던질 수도 있다. 단지 그는 자신의 말이 진실이라고 믿을 수도 있고, 자신이 받은 인상을 말한 것일 수도 있다. 그가 악의를 갖고 한 말이 아니라는 사실을 확인하면 그의 말을 정정해주면 될 일이다. 우리가 다른 사람의 마음을 알 수 없는 것처럼, 그도 우리 마음을 완전히 알 수 없다. 소통의 불완전성을 인정하면, 모욕감을 덜 느낄 수 있다.

물론 어떤 사람은 다른 사람의 말에 쉽게 상처를 입고, 어떤 사람은 똑같은 말이라도 상처를 덜 입는다. 여기서 우리는 '모욕감을 느끼는 것feeling insulted'과 '모욕을 당하는 것being insulted'을 구별할 필요가 있다.[10] 모욕감은 주관적인 감정 문제이기 때문에 모욕 여부를 당하는 사람이 결정한다면, 후자에서는 사회적 관습과 규범이 모욕의 기준이 된다. 중요한 것은 어떤 사람은 지나치게 예민할 수도 있다는 사실이다. 그러므로 다른 사람의 말로 마음이 상하지 않으려면 상대방의 의도를 잘 헤아려야 한다.

모욕적인 말이라고 해서 모두 상처를 입히는 것은 아니다.

모욕감을 덜 느끼려면, 모욕적인 말을 하는 사람이 누구인가를 따져봐야 한다. 내가 존중하고 존경하는 사람이라면, 그의 비판적인 말에 상처를 입지는 않는다. 내가 간절히 배우고 싶은 어떤 선생님이 내 마음을 상하지 않게 하기 위해 듣기 좋은 말만 한다면 어떨까? 엄하지 않은 스승 밑에서 좋은 학생이 나올 수 없다. 그러므로 나의 나쁜 점을 예리하게 비판한다고 해서 모욕감을 느끼지는 않을 것이다.

물론 행위를 비판하는 것이 아니라 존재 자체를 무시한다면, 상황은 달라진다. 만일 모욕적인 말을 던진 사람이 비열하기 짝이 없는 경멸할 만한 사람이라면, 그의 말에 신경 쓸 필요도 없고 모욕감을 느낄 이유도 없다. 개가 짖는다고 같이 짖으면 자신의 품위만 떨어질 뿐이다. 그런 사람의 말에 모욕감을 느끼는 대신 그에게 연민을 느끼는 것이 오히려 온당하다.

소모당하지 않고 나를 지키다

모욕감은 다른 사람의 말로 자신의 존재 가치가 떨어졌다고 생각할 때 느끼는 감정이다. 모욕은 분명 사람들 사이에서 이루어지는 부정적인 상호작용이지만, 자신의 감정을 스스로 통제함으로써 사회관계에서 상처를 덜 받을 수 있다. 스토아 철학자들은 다른 사람들의 의견에 무관심해지는 것이 모욕감을 줄이는 길이라고 말했다. 우리의 삶을 타인의 인정을 받는 데 소모

할 필요는 없다. 타인의 말과 시선을 너무 많이 의식하는 사람은 쉽게 모욕을 당한다. 그들은 삶과 행위의 기준을 자신 밖에 두기 때문이다. 중심이 분명하고 균형을 잘 잡는 사람은 타인에 의해 쉽게 흔들리지 않는다.

모욕을 당할 때 마음에 상처를 입히는 것은 사실 우리 자신이다. 스토아 철학자 에픽테토스는 말한다.

> 모욕을 주는 것은 너를 학대하거나 때리는 사람이 아니라 모욕을 주는 그들에 대한 너의 판단이라는 사실을 기억하라."

어떤 사람의 말과 행위에 짜증이 난다면, 그것은 대부분 그의 말과 행위를 의식하는 나의 마음 때문이다. 상대방이 잘못을 올바로 지적할 때도 과거의 기억을 떠올리며 그가 나를 괴롭히려는 의도에서 그러는 거라고 생각한다. 다른 사람이 나에게 아무리 모욕을 주려고 해도 내가 모욕을 당하지 않으면 된다. 모욕감을 느끼느냐 안 느끼느냐는 결국 마음에 달렸다는 것이다. 이런 점에서 에픽테토스는 "사람들의 마음을 상하게 하는 것은 사물 자체가 아니라 그 사물에 대한 그들의 판단"¹²이라고 말한다. 다른 사람들이 조롱하고 멸시하고 경멸하는 것들을 내가 어떻게 평가하고 판단하느냐에 따라 모욕감은 달라진다는 얘기다.

물론 내가 가장 고귀하게 생각하고 높이 평가하는 것을 조롱할 때는 심한 모욕감을 느낀다. 나의 존재 자체를 무시하듯 머리를 툭 치고 뺨을 때리는데도 모욕감을 느끼지 않기 위해 평정심을 유지하는 것은 어리석은 짓이다. 때로는 상대방의 모욕을 맞받아칠 줄도 알아야 한다. 아무리 순하고 좋은 사람이라도 너무 업신여기면 가만있지 않는다는 말인 "지렁이도 밟으면 꿈틀한다"는 속담을 뒤집으면 모욕에 대처해야 하는 이유를 알게 된다. 자신을 지렁이로 만드는 사람은 다른 사람에게 짓밟혀도 할 말이 없다. 모욕을 당하지 않으려면 결국 평상시에도 자신을 스스로 존중해야 한다.

　문제는 사회관계에서 일상적으로 마주치는 악의와 모욕에 대처하는 방법이다. 스토아 철학은 모욕에 모욕으로 상대하는 것을 권하지 않는다. 이 경우 모욕감과 불쾌감이 오히려 증대된다. 스토아 철학은 극심한 모욕을 모면하는 방법으로 유머를 권한다. 특히 세네카는 로마의 정치가 카토의 일화를 들려주며 모욕에 유머로 대처하는 모습을 제시한다. 카토는 어떤 사람이 모욕을 주기 위해 자신의 얼굴에 침을 뱉으면 그 침을 닦으면서 "당신이 입을 사용할 줄 모른다고 말하는 사람들이 틀렸다고 맹세하겠네"[13]라고 유머로 받아쳤다고 한다. 물론 쉬운 일이 아니다. 그렇지만 유머가 매우 효과적인 것은 확실하다. 유머는 모욕하는 사람의 의도를 좌절시킨다. 모욕을 주고 싶은데 상대방이 모욕감을 느끼기는커녕 모욕하는 사람을 우습게 만들기 때문이다. 그중에서도 자기 자신을 작게 만드는 '셀프 아이러니self irony'가 효과적이다. 상대방의 모욕적인 말을 인정하며 자신에게 적용함으로써 오히려 그 말의 위력을 떨어뜨리는 것이다.

유머를 구사하려면 순간적으로 대응할 수 있는 재치와 자신과도 거리를 두는 능력이 있어야 한다. 우리는 종종 모욕적인 말을 듣고도 바로 대응하지 못하고 한참 뒤에야 화가 나는 경험을 한다. 그런데 모욕적인 말에 순발력 있게 대응하려면 자신과 타인 사이의 중심을 잘 잡아 삶의 균형을 이루고 있어야 한다. 여기서 균형 잡힌 생각이란 세상에는 결코 좋은 사람만 있지 않으며, 좋은 사람들만큼 좋지 않은 사람들도 있다고 여기는 것이다. 물론 다른 사람들도 내가 생각하는 것처럼 생각할 수 있으니 어떤 사람이 나를 짜증나게 한다면 나도 그를 짜증나게 하는 것은 아닌지 거꾸로 생각해보자.

무엇보다 중요한 것은 항상 마음이다. 다른 사람이 내 마음에 영향을 미치도록 내버려두지 않는다면, 다시 말해 내 마음을 통제할 수 있다면 모욕적인 말을 들어도 모욕감을 훨씬 덜 느낄 수 있다. 모욕적인 말에 모욕감을 느끼는 것이 상대방의 의도에 말리는 것이므로, 모욕감을 느끼지 않는 것이 모욕에 대한 최선의 대응책일 것이다.

4

슬픔과 우울

우울, 부정적인 슬픔

현대인의 영혼을 가장 많이 갉아먹는 병이 있다면, 그것은 아마 우울증일 것이다. 일상이 각양각색의 자극제로 가득 찬 현대사회에서 우울증만큼 흔한 병도 없다는 것은 문명의 아이러니다. 우리가 생각하고 느끼고 행동하는 방식에 부정적인 영향을 주는 우울증은 영혼을 침식해 한때 깊이 즐기던 것에 대한 관심조차 사라지게 만든다. 깊은 슬픔의 늪에 빠져 삶에 어떤 즐거움도 없는 것이다.

무엇이 우리를 깊은 슬픔에 빠뜨리는가? 세상에 슬퍼할 일은 무수히 많지만, 깊은 슬픔은 우리가 소중하게 생각하는 바를 상실하는 것과 밀접한 관련이 있다. 우리가 경험하는 가장 큰 상실은 두말할 것 없이 죽음이다. 사랑하는 사람의 죽음은 우리가 살아가면서 겪는 경험 중에 가장 견디기 힘든 경험일 것이다. 대중 매체를 통해 친숙했던 연예인이나 정치인의 죽음조차 우리를 우울하게 만드는데, 소중하게 생각했던 사람이 갑자기 세상을 떠나면 어떻겠는가. 이런 상황에서 슬픔을 느끼거나 비탄에 빠지는 것은 매우 자연스러운 일이다.

그렇지만 슬프다고 반드시 우울증에 걸리는 것은 아니다. 사랑하는 사람을 잃거나 소중한 것을 상실했을 때 겪는 비탄의 과정은 개인마다 다르지만, '깊은 슬픔'과 '일상생활의 포기' 같은 비교적 공통의 특징을 갖는다.

깊은 슬픔에 빠지면 삶의 의욕을 잃는다. 그렇지만 비탄과 우울증은 본질적으로 차이가 있다. 감정을 그래프로 표현해볼 때 상실로 인한 고통스러운 감정이 때로는 좋은 기억과 섞여 일정한 간격을 두고 물결 모양으로 되풀이된다면, 그것은 자연스러운 비탄이다. 그런데 기분과 삶에 대한 기쁨이 장기간 하락한다면, 그것은 우울증이다.

어쩌면 우울과 비탄의 결정적인 차이는 자신에 대한 태도에 있을지도 모른다. 사람들은 비탄에 젖어도 자존감을 잃지 않지만, 우울증에 걸린 사람은 스스로 가치가 없다고 여기며 자기혐

오를 보인다. 슬퍼하면서도 삶의 의지를 잃지 않는다는 점에서 비탄이 '자연스러운 슬픔'이라면, 우울은 삶의 의지를 파괴하는 '부정적인 슬픔'이다.

슬픔이 지나치면 삶을 파괴할 수도 있다는 것은 우울증과 자살의 연관 관계에서 잘 드러난다. 슬프다고 모두 죽음을 생각하지 않는다. 우울증으로 치료받은 외래 환자 가운데 2퍼센트만 자살로 죽는다고 한다. 반면에 자살한 사람의 약 60퍼센트가 우울증 같은 정서 장애를 가졌다고 한다. 그런데 안타까운 것은 깊은 슬픔과 우울증에 시달리다 스스로 죽음을 선택한 사람들조차 사실 죽음을 원하지는 않는다는 것이다. 그들은 자신의 고통에 종지부를 찍기 위해 죽음을 선택하는 것이다. 우리가 감정의 균형에 관심을 가져야 하는 이유가 여기에 있다. 감정의 균형이 깨져 영혼이 흔들리면, 우리의 삶은 죽음이 된다.

슬퍼한다, 그러므로 살아 있다

스토아 철학자들은 비탄의 부정적인 힘을 경계한다. 물론 스토아 철학자들이 결코 비탄에 흔들리지 않았다거나 슬퍼하지 않았다는 말이 아니다. 다만 그들은 슬플 때도 적절하게 슬퍼하라고 조언할 뿐이다. 자식을 먼저 보낸 부모들의 삶은 만신창이가 된다. 그들은 울고 또 울고, 한동안 일상생활을 하지 못한다. 세월이 흘러 모든 것이 잊혔다고 여겨질 때도 자식의 사진을 보

감정의 균형이 깨져 영혼이 흔들리면,
우리의 삶은 죽음이 된다.

는 것만으로 다시 비탄에 빠져든다. 스토아 철학자들은 이런 슬픔에 어떻게 반응할까? 평상심을 유지할까? 스토아 철학자들은 슬픔이 커다란 상실에 직면했을 때 나타나는 매우 자연스러운 감정적 반사작용이라고 생각했지만, 삶에 해가 될 정도로 슬퍼해서는 안 된다고 말했다.

그렇다면 어느 정도로 슬퍼하는 것이 적절한가? 스토아 철학자 세네카는 형제의 죽음을 마주하고 슬퍼하는 폴리비오스에게 이렇게 말한다.

> 이성은 결코 무관심도 따르지 않고 광기도 따르지 않는 중용을 지킬 것이다. 이성이 우리를 유지하는 상태는 다정한 사람의 특징이지 균형을 잃은 마음이 아니다. 그러니 눈물이 흐르도록 내버려두어야 한다.[1]

눈물이 나면 흐르도록 내버려두어야 한다. 그렇지만 눈물이 그치도록 내버려둘 줄도 알아야 한다. 찢어진 가슴으로부터 깊은 한숨이 나오면 그대로 내버려두어야 한다. 그렇지만 한숨도 그칠 때를 알아야 한다. 슬플 때 슬픔을 참는 것도 자연스럽지 않지만, 끝이 없는 슬픔 역시 자연의 이성에 반하는 것이다. 물론 여기서 슬픔을 참는 것이 이성의 역할이라고 생각할 수 있다. 그런데 이성의 역할은 슬픔을 통해 기울어진 영혼의 균형을 복원하는 것이다. 현대 심리학은 이를 '회복 탄력성resilience' 또는 '적응 유연성'이라고 한다. 감정의 균형은 스트레스 상황을 겪고 나서도 고통을 잘 이겨내고 이전의 상태로 되돌아갈 수 있는 삶의 능력이다.

우리 삶에서 비탄과 우울을 완전히 제거할 수는 없지만, 삶을 유지할 수 있을 만큼 그 정도를 최소화할 수는 있다. 평생 슬퍼할 일이 없었다고 자부하는 사람조차 언젠가는 사랑하는 사람을 잃는다. 이런 경우 훨씬 커다란 비탄에 빠질 수 있다. 균형을 잡으려면 균형을 잃어봐야 한다. 감정의 균형을 잡기 위해 슬픔과 기쁨의 굴곡을 겪어봐야 한다. 물론 상실의 비통함을 느끼기 위해 실제로 상실을 경험할 필요는 없다. 스토아 철학은 비탄을 예방하기 위한 전략으로 마음속으로 부정적인 일을 그려보는 '부정적 시각화'를 권한다. 사랑하는 사람의 죽음을 미리 생각해봄으로써 그가 실제로 죽었을 때의 충격을 완화하는 것이다. 마음속으로 준비하면서 살아 있는 동안의 관계를 심화하고 정리한다.

살아 있다는 것은 현재한다는 것이다. 우리의 삶은 언제나 현재형이다. 과거에 겪은 고통이 현재의 삶에 상처를 주기도 하고, 미래로 투사한 두려움으로 현재의 삶이 영향을 받기도 한다. 비탄 같은 깊은 슬픔은 현재의 삶을 짓누르는 과거의 고통이다. 이런 경우 과거에 대한 부정적인 상상이 비탄의 고통을 줄여준다. 세네카는 아들을 잃어버린 지 3년이 지났는데도 비탄에서 헤어나지 못하는 마르시아라는 여인에게 아들의 죽음으로 박탈당한 행복을 비통해하기보다는 아들이 없었더라면 느끼지 못했을 행복을 생각하라고 조언한다. 아들이 이 세상에 태어나서 함께할 수 있었다는 사실에 감사할 때, 상실의 고통은 반감될 수 있다.

좋은 일에 방해 요소가 많은 법인 것처럼 고통스러운 일에도 좋은 면이 있게 마련이다. 나쁜 일을 당했을 때도 좋은 면만 생각하는 것은 그리 나쁜 전략이 아니다. 상실은 우리에게 고통을 안겨주지만, 그것은 상실하기 전까지는 커다란 즐거움을 주었다는 사실의 반증이지 않은가? 사실 상실할 것이 있는 사람은 아무것도 잃을 것이 없는 사람보다 행복한 사람이다. 스토아 철학자들은 상실 자체에 매몰되는 대신에 상실할 때까지 누렸던 시간과 가치를 생각하면 상실의 고통을 줄일 수 있다고 주장했다.

우리를 괴롭히는 것은 상실로 인한 시련과 고통이 아니라 이에 대한 우리의 감정이다. 감정의 균형이 중요한 이유다. 너무 지나치거나 너무 인색한 것은 모두 균형을 해친다. 과도한 비탄에 대한 우리의 무기는 바로 이성이다. 비탄에 빠졌다가도 마음을 다잡고 삶의 활력을 되찾도록 하는 것은 바로 우리의 이성이다. 이성이 비탄을 완전히 없앨 수는 없지만 '과도하고 쓸데없는 것'에 빠지지 않도록 할 힘은 가지고 있다.

이성이 항상 잘 작동하는 것은 아니다. 극도로 비통한 상황에서는 감정이 이성을 압도한다. 현대 의학과 신경과학에 따르면 우울증은 뇌의 신경전달물질의 불균형과 관련이 있다고 한다. 비탄이 지속되면 신체적으로도 변하는 것이다. 그렇기 때문에 감정이 이성을 압도하는 극도로 비통한 상황에서도 이성을 회복하려고 노력해야 한다. 감정의 균형을 잡는다는 것은 결국 이성과 감정의 균형을 이루는 것이기 때문이다.

공감하되 고통받지 않는다

스토아 철학자 에픽테토스는 비탄에 거리를 둘 수 있는 매우 독특한 제안을 한다. 우리는 다른 사람이 비탄하는 것을 보면 함께 슬퍼한다. 이러한 공감과 동정은 사회적 연대가 요구하는 가장 기본적인 감정이다. 여기서 에픽테토스는 공감하되 고통을 느껴서는 안 된다고 조언한다. 그는 남의 어려운 처지를 자기 일처럼 딱하고 가엽게 여기는 '동정同情'의 윤리를 상대화한다. 동정은 영어 단어 'sym-pathy' 또는 독일어 단어 'Mit-leid'가 말해주는 것처럼 '함께 고통을 당하다'라는 뜻이다. 다른 사람의 고통을 이해하고 함께 슬퍼하는 것은 좋지만, 그 고통 때문에 자신의 삶이 영향을 받아서는 안 된다는 것이다.

에픽테토스는 고통은 극복할 수 있지만, 고통에 대한 감정은 극복하기 힘들다고 말한다. 사실 우리를 괴롭히는 것은 상실과 실패 같은 시련 자체가 아니라 시련에 대한 우리의 마음이다.

> 자식이 멀리 떠났거나 재산을 잃고 슬피 우는 사람을 대할
> 때 겉으로 드러나 보이는 시련 자체에만 매달려서는 안 된
> 다. '이 사람을 괴롭히는 것은 이 사람이 겪고 있는 시련 자
> 체가 아닌, 그 시련에 대한 이 사람의 감정이다'라는 것을 먼
> 저 떠올려라.[2]

비탄에 빠진 사람의 고통을 이해하고 그의 입장에서 함께
슬퍼하는 것은 자연스러운 감정이다. 그렇지만 비탄에 빠진 사
람을 보고 실제로 함께 비통해하는 것은 건강하지 않다. 우울증
에 걸린 사람을 딱하고 가엽게 여긴다고 해서 같이 우울증에 걸
리려고 하는 것은 어리석은 생각이다. 감기에 걸린 사람의 고통
을 함께 나누기 위해 일부러 감기에 걸리는 것이 바보 같은 짓
인 것처럼.

> 입으로는 위로의 말을 하며 슬픔을 함께 나누고, 경우에 따
> 라서는 그들과 함께 한탄하되, 마음 깊은 곳까지 한탄에 빠
> 지는 일이 없도록 유의하라.[3]

슬퍼하되 마음속 깊이 슬퍼하지 말라는 에픽테토스의 말이

야속하게 들릴 수도 있다. 그런데 에픽테토스가 슬픔을 거짓으로 꾸미라고 말하는 것은 아니다. 공감하되 비탄이 삶을 해치지 않도록 통제할 수 있어야 한다는 것이다.

우리는 살아가면서 무엇인가를 잃을 수밖에 없다. 삶의 의미와 중심이 되는 소중하고 고귀한 것에 연연할수록, 그것을 상실했을 때 깊은 비탄에 빠진다. 삶은 잃어가는 과정이다. 그렇기에 상실이 거듭되는 삶에서 의미를 찾으려면, 상실에 따르는 감정을 관리할 줄 알아야 한다. 정서적 건강을 위해서는 감정에 솔직하고 이를 가식 없이 표현하며 다른 사람과 공유하는 한편, 감정이 극단으로 흐르지 않도록 이성의 통제도 필요하다. 감정을 제거하는 것은 마치 삶의 뿌리를 제거하는 것과 같지만, 지나친 감정은 삶의 뿌리를 썩게 하는 부정적인 거름이다. 슬플 때는 감정을 피하지 말고 슬퍼해야 하지만, 시련을 극복하려면 감정을 다스려야 한다. 이성을 통해 감정의 균형을 이룰 때, 시련은 아름다운 삶의 거름이 된다.

5

직관과 추론

정보의 과잉과 메이비 세대

결정하지 못하는 삶은 방향을 잃어 공허하지만, 매일 결정해야 하는 삶은 고단하다. 우리는 매일매일 결정을 하며 살아간다. 반복하는 일상에 변화를 주기 위해 외식을 할 때면 곤란한 상황에 빠지기도 한다. 무엇을 먹을 것인가? 먹기 위해 사는 것처럼 보일 정도로 다양한 외식 문화가 발달한 현대사회에서 음식을 선택하는 일은 결코 쉽지 않다. 우리가 가진 많은 경험과 인터넷에서 얻은 온갖 맛집 정보를 동원해도 결정은 쉽게 이뤄지지 않는다. 먹고 싶은 취향에 맞는 음식점이 없을 수도 있고, 소문난 맛집의 음식이 입에 맞지 않을 수도 있다. 결정하지 못하고 주저주저하다 결국 아무 식당에나 들어가 저녁 식사를 망치기도 한다.

기회와 정보가 많다고 반드시 좋은 결정이 내려지는 것은 아니다. 어떤 음식이 특정인의 취향을 저격해 맛집이 되면 주변에 수많은 원조 식당이 생겨난다. 정보를 수집하고 데이터를 분석해서 어떤 식당이 원조인지는 가려낼 수 있을지 몰라도, 정말 원조라고 불릴 정도로 독특한 맛집인지를 알아내는 것은 쉽지 않다. 정보의 과잉은 결정 장애로 이어진다. 또 결정을 내려도 확신을 갖지 못한다. 우리는 모든 것이 가능한 세상, 수많은 유혹이 손짓하는 현대를 살아가면서 불확실성 속에서 짐작으로 결정을 하거나 결정을 미룬다. '아마' 또는 '어쩌면'이라는 단서를 붙이면서 말이다. 이처럼 결정을 내리고 싶지도 않고 어떻게 내려야 할지도 모르는 현대인들을 '메이비 세대Generation Maybe', 즉 '결정 장애 세대'¹라고 한다.

생각을 행동으로 옮길 때 필요한 것이 결정이다. 우리는 일상의 사소한 문제부터 기업이나 국가의 중대사에 이르기까지 수많은 결정을 한다. 생각, 느낌, 경험, 정보 등 결정에 영향을 미치는 수많은 요소 가운데, 결정은 항상 '직관'과 '추론'의 양극단 사이에서 이루어진다. 음식점을 선택할 때 맛집 정보를 열심히 검색하는 사람이 있는가 하면, 별다른 정보 없이 직관에 따라 음식 맛이 기막힌 집을 찾아내 종종 우리를 놀라게 하는 사람도 있다. 그들은 어떻게 적절한 순간에 올바른 결정을 내리는 것일까?

우리는 어떤 결정을 내릴 때 그 이유를 안다고 생각한다. "지금 무슨 생각을 하고 있습니까?"라는 질문을 받으면, 스스로 무슨 생각을 하는지 안다고 믿기에 어렵지 않게 대답한다. 그렇지만 뇌과학과 신경과학자들에 따르면 우리가 자신의 느낌과 생각에 대해 안다고 여기는 것은 우리의 마음속 또는 우리 뇌에서 실제로 일어나는 일과는 아무런 상관이 없다. 최근의 과학 연구는 우리의 행동 일부는 무의식적인 소망이나 신념에 대한 명령으로 이루어지며, 이 무의식적인 소망과 신념은 우리가 의식적으로 원하고 생각하는 것과는 정반대일 수도 있다고 주장한다.

의식적 사고는 논리적으로 질서 정연하게 다른 의식적 사고와 연결되기도 하지만, 우리가 모르는 상태에서 자동으로 이루어지기도 한다. 우리는 전화기 너머로 들리는 애인의 목소리에 짜증이 섞였음을 직감적으로 감지할 수도 있고, 평상시처럼 자연스럽게 행동하는 배우자의 표정과 몸짓에서 애정이 식었음을 육감적으로 알아차리기도 한다. 방 안에 들어섰을 때 갑자기 정적이 흐르는 데서 지금까지의 대화 주제가 자신이었음을 감지하는 일부터, 이상한 기분이 들어 위험을 예감하고 사람들을 대피시켜 많은 생명을 구한 영웅적인 행동까지, 수많은 사례를 통해 우리가 단지 논리적으로만 추론하는 것은 아니라는 사실을 알 수 있다. 우리가 내리는 많은 결정은 자신도 모르게 머릿속에서 조용히 진행된다.

직관과 추론

직관intuition과 추론reasoning은 결정을 내리는 두 가지 사고방식이다. 둘은 서로 밀접하게 결합되어 있고 상호작용을 하기 때문에 독립적으로 파악하기는 쉽지 않다. 직관은 의식적으로 추론할 필요 없이 어떤 사태를 본능적으로 이해하는 능력이다. 직관은 논리적 추론이라는 매개의 도움 없이 사태를 직접 파악하기 때문에 증거와 논거를 필요로 하지 않는다. 간단히 말하면, 어떻게 얻었는지 이해하지 못하면서 얻은 지식이 직관이다.

반면에 추론은 논리를 적용해서 어떤 사태를 증명하는 사고방식을 말한다. "사람은 죽는다. 소크라테스는 사람이다. 따라서 소크라테스는 죽는다" 같은 추론을 거쳐야만 소크라테스가 죽는다는 사실을 아는 것은 아니지만, 추론은 이렇게 논리라는 매개를 사용하기 때문에 숙고가 필요하다.

행동경제학을 창시한 심리학자 대니얼 카너먼은《생각에 관한 생각》에서 직관과 추론을 우리 머릿속에서 작동하는 두 가지 시스템으로 설명한다. 시스템 1은 거의 또는 전혀 힘들이지 않고 통제에 대한 의식 없이 자동적으로 빠르게 작동하고, 시스템 2는 복잡한 계산을 포함해 관심이 요구되고 노력이 필요한 정신 활동에 주의를 집중한다는 것이다.[2] 이 책의 원제인 'Thinking Fast and Slow'가 암시하는 것처럼 시스템 1은 직관처럼 '빠른 생각'을 담당하는 자동적 시스템이고, 시스템 2는 추론처럼 '느린 생각'을 관장하는 의도적 시스템이다. 직관은 우리가 통제하고 의식하지 못하지만 신속하게 사태를 파악하고, 추론은 우리가 집중해야 하기 때문에 느리게 진행된다.

우리는 의도적으로 집중하는 추론적 사고만을 진정한 사고 방식으로 생각하는 경향이 있다. 어떤 텍스트에서 자유라는 낱말이 몇 번 등장하는지 세어보는 일은 짧은 집중을 요구하고, 시간과 노력을 들이면 해결할 수 있다. 그런데 사람들이 어떤 맥락에서 자유라는 말을 사용하는지를 알아내는 것은 특정한 주제와 관련된 정보를 의도적으로 모아서 분석해야 하기 때문에 조금 더 힘들다. 나아가 특정한 성향을 가진 사람들이 다른 성향을 가진 사람들보다 자유라는 단어를 훨씬 많이 사용한다는 사실로부터 사람들의 이념적인 성향을 파악하려면 빅데이터를 '분석'해야 한다. 이처럼 추론은 논리적-분석적 사고다. 분석은 연구 대상을 구성 요소들로 해체한 다음 요소들의 논리적 상호 관계를 질서 정연하게 재구성하는 방법이다.

논리적 추론만을 합리적 결정의 근거로 인정하는 경향은 근대에 과학과 기술이 지배적인 세계관으로 등장하면서 강해졌다. 그러나 결정을 내릴 때 추론만 작용하는 것은 아니며, 합리적 추론으로 항상 옳은 결정에 이르는 것도 아니다. 왜 그럴까? 우리의 뇌가 경험과 정보를 분류하고 처리하는 방식은 다양한 약재를 분류해서 따로따로 넣어두는, 여러 개의 서랍이 달린 정교한 약장 시스템과 같기 때문이다.

우리 뇌는 기존의 지식을 분리된 파일로 정리하는데, 새로운 정보를 얻으면 유사성과 논리적인 연관성에 따라 기존의 정보와 결합해서 분리된 파일에 저장한다. 분리된 파일은 정보 분석의 토대가 되기도 하지만, 동시에 새로운 연결을 방해하기도 한다. 여기서 직관이 등장한다.

우리는 의식하는 것보다 훨씬 많은 것을 경험한다. 이것은 우리 뇌에 의식적으로 분류된 것보다 훨씬 더 많은 정보가 쌓여 있다는 것을 의미한다. 추론과 분석이 기존의 분류 틀에 따라 정보를 분류하는 작업이라면, 직관은 기존의 틀을 넘어서 숨겨진 경험과 정보를 찾아 새롭게 결합하는 작업이다. 수많은 조각이 결합해서 새로운 패턴을 만들어내는데, 이 가운데 새로운 결합의 논리적 근거를 알지 못하면 이를 '직감' 또는 '육감'이라고 부른다.

균형적 사고 능력

인간은 오랜 진화의 역사 속에서 사고 능력을 섬세하게 개발했다. 심각한 위험이나 새로운 기회가 주어졌을 때 관심을 갖고 신속하게 반응하면서 생존 가능성이 증대되었다. 인간 진화의 전체 역사가 경험과 정보의 축적이었다. 이런 관점에서 직관은 우리가 가진 수많은 경험과 정보를 새로운 방식으로 조직해서 결정을 내리게 '만든다'고 할 수 있다.

비상사태 때는 우리가 의식하지 못하는 사고 과정이 작동한다. 천천히 정보를 모으고 분석할 시간적 여유가 없는 긴급한 상황에서야말로 직관이 요구된다. 긴급 대응이 요구되는 '위기' 상황, 지금까지 결정의 토대가 되었던 패러다임이 급속도로 변화하는 '사회 변동' 상황, 문제와 도전의 성격을 제대로 파악할 수 없는 '엉망'인 상황, 고려해야 할 요소들을 명료하게 해석할 수 없는 '애매모호한' 상황 등은 느린 추론보다 신속한 직관을 요구한다.

이때 상황은 직관에 의해 결정을 내릴 수 있도록 단서를 제공한다. 이 단서가 우리를 머릿속에 저장해놓은 정보에 접근하도록 해주고, 우리가 의식하지 못하는 정보가 대답을 주는 것이다. 다시 말해 직관은 인식과 다르지 않다. 1978년 노벨 경제학상을 수상한 미국의 경제학자이자 심리학자인 허버트 사이먼은 직관을 "습관으로 결빙된 분석, 인정을 통해 신속하게 반응하는 능력으로 결빙된 분석"[3]이라고 정의했다.

어떻게 이런 일이 가능한가? 직관이 작동하는 방식은 이른

바 '칵테일파티 효과'라고 불리는 심리학적 현상으로 설명할 수 있다. 매우 시끄럽고 소란스러운 파티에서도 개별적인 대화에 집중하는 것처럼, 일련의 자극들을 걸러냄으로써 특정한 자극에 청각적으로 주의를 집중할 수 있는 능력이 바로 칵테일파티 효과다.[4] 우리가 결정을 내리기 위해 특정한 문제를 생각할 때, 우리의 뇌는 칵테일파티장이 된다. 그 수많은 걱정과 의심, 질문과 대답, 충고와 조언, 정보와 경험의 각축장에서 특정한 내면의 목소리에 귀를 기울이는 것이 바로 직관이다. 직관은 추론이 결론을 내리기 전에 신속하게 대응한다.

직관에 따른 결론이 옳거나 설령 오류를 저지른다고 하더라도 그 대가가 수용할 만하다면, 직관적 판단은 많은 시간과 노력을 절감해준다. 물론 신속한 판단은 때로 성급한 결론으로 이어지기도 한다. 시간을 들여 더 많은 정보를 수집해야 좋은 결정을 내릴 수 있을 때는 성급하게 결론을 내리는 것만큼 위험한 것이 없다. 반대로 직감을 믿지 않고 무작정 기다리다 낭패를 보는 경우도 적지 않다. 현대물리학에 일대 혁명을 일으킨 이론물리학자 아인슈타인은 직관과 추론의 관계를 매우 선명하게 서술한다.

직관적인 마음은 성스러운 선물이고, 합리적인 마음은 충실한 종이다. 우리는 종을 찬미하고 선물을 잊어버린 사회를

창조했다.[5]

아인슈타인의 말대로 현대사회에서 추론이라는 종을 숭배하고 직관이라는 신성한 선물을 잊어버렸는지는 논란의 여지가 있겠지만, 우리가 합리성을 지나치게 중시하는 사회에 살고 있다는 사실은 부정할 수 없다. 추론을 배제한 직관만으로 올바른 결정을 내릴 수 없는 것처럼, 직관을 배제하고 추론을 절대화하면 창조적인 결정을 할 수 없다. 중요한 것은 추론과 직관의 균형이다. 니체의 이 말을 음미해보라.

이성적 인간과 직관적 인간이 나란히 서 있는 시대가 있다. 한 사람은 직관에 대해 불안해하고, 다른 사람은 추상을 경멸한다. 직관적 인간이 비이성적인 것처럼, 이성적 인간은 비예술가적이다. 양자는 모두 삶을 지배하기를 욕망한다.[6]

6

부분과 전체

선택과 결정의 연속

우리 삶은 실제로 수많은 선택과 결정들로 이루어진다. 어떤 직업을 가질 것인가, 결혼을 할 것인가, 누구와 함께 살아갈 것인가 같은 중대한 선택만 있는 것이 아니다. 출근할 때 대중교통수단을 이용할지 아니면 차를 몰고 갈지, 점심 때 무엇을 먹을지 같은 사소한 선택도 우리의 삶을 만드는 데 커다란 역할을 한다. 이런 선택과 결정은 의식적으로 이루어지기도 하지만, 대부분 습관적으로 이루어진다. 모든 결정과 선택을 기억하지 못하는 것처럼, 우리는 삶을 전체적으로 바라보지 결코 부분들로 나누어보지 않기 때문이다.

좋은 삶을 살았다고 생각하는 사람은 대체로 기억할 수 있는 좋은 이야기를 갖고 있다. 삶의 이야기는 시간의 경과가 아니라 주요 사건과 기억할 수 있는 순간을 다룬다. 80년 산 사람이 60년 산 사람보다 훨씬 많은 이야깃거리가 있겠지만, 오래 살았다는 것이 반드시 좋은 이야기를 보장하는 것은 아니다. 생애가 늘어난다고 행복한 것도 아니고, 작은 행복들이 모여서 큰 행복을 이루지도 않는다.

인생을 평가할 때 무엇이 중요한 요소일까? 심리학자들은 60년 동안 자신의 일을 열심히 하고, 휴가를 충분히 즐기고, 친구들과 함께 취미 활동을 하며 행복하게 지낸 사람의 이야기를 피실험자들에게 들려주었다. 그러고는 그의 수명이 5년 더 늘어났지만 예전만큼 행복하게 살지는 못하다가 죽었다는 이야기를 덧붙였다. 이 이야기를 듣고 당신은 다음 질문에 어떻게 답할 것인가? "그의 인생을 통틀어 봤을 때 당신은 그의 삶이 얼마나 바람직했다고 생각하는가?" 실제 실험 결과에 의하면 피실험자들은 수명 연장이 그가 경험한 전체 행복감에 아무런 영향을 미치지 않는다고 답했다고 한다.

우리는 결코 경험의 양과 생애의 길이를 보고 삶의 바람직함을 평가하지 않는다. 우리의 '전체 행복'은 사는 동안 느꼈던 행복의 총계가 아니라 인생에서 의미 있게 판단한 전형적인 기간에 느낀 행복이다. 5년 동안 더 살 수 있다면 행복의 총계는 늘어나겠지만 전체 행복은 증가하지 않는다. 우리의 직관에 따르면, 오히려 실망스러운 마지막 5년이 인생 전체를 다운그레이드한다. 인생에 대한 직관적인 평가에서 중요한 것은 인생 이야기의 정합성과 전체 행복이지, 지속 시간이 아니다.

부분과 전체의 관계

의미와 가치를 평가할 때 우리는 항상 전체와 부분의 관계를 고려한다. 그런데 보통 전체는 당연히 주어진 것으로 생각된다. 국가는 국민으로 구성되어 있을 뿐만 아니라 국가의 모든 권력은 국민으로부터 나온다고 말하지만, 사실 국가는 우리가 태어나기 전부터 존재했다. 우리가 나무 하나하나를 분리해서 인식하기 전에 다양한 나무들이 이미 숲을 이룬다. 우리가 어떤 사람의 얼굴을 기억할 때도 대부분 전체적으로 인지하지 눈, 코, 입 등 개개의 특성을 먼저 인식하고 얼굴을 구성하지 않는다. 인식 과정에서 전체는 항상 부분에 선행한다. 또 부분을 인지할 때도 전체는 항상 배경지식으로 전제된다.

그렇다면 부분은 전체의 논리적인 구성 요소에 불과한 것인가? 사실 전체는 부분 없이는 존재할 수 없으며, 부분은 전체를 대변한다. 전체와 부분은 역동적인 상호 관계를 맺고 있어서, 부분 없는 전체가 있을 수 없고 전체 없는 부분은 의미를 상실한다. 오늘날 비참한 삶을 이어가는 난민들의 상황을 보면 알 수 있듯 국가 없는 국민이 있을 수 없고 국민을 보호하지 못하는 국가는 정당성을 상실한다.

이러한 순환 논리는 자명한 것처럼 보이지만 사실 전체와 부분의 관계를 분명하게 설명하지 못한다. 전체로부터 출발해 부분을 인식하고 다시 전체로 돌아가야 하는가? 아니면 부분으로부터 출발해 전체의 의미를 해명해야 하는가? "나무만 보고 숲은 못 본다"는 경구처럼 부분에 집착하면 전체를 놓친다. 반면에 전체를 지나치게 강조하면 부분의 의미와 중요성을 간과하기 때문에 "숲만 보고 나무는 못" 보게 된다. 이 딜레마에 빠지지 않으려면 전체와 부분의 상호 관계를 균형 있게 살펴야 한다. 전체는 단순히 부분으로 환원되지 않고, 부분이 합쳐진다고 반드시 전체가 형성되는 것도 아니다.

오늘날 입에 많이 오르내리는 시너지synergy라는 말이 있다. '함께 일하다', '협력하다'라는 뜻의 그리스어 시네르고스synergos에서 유래한 이 말이 암시하는 것처럼, 부분들은 상호작용을 통해 각 부분보다 훨씬 큰 성과를 낸다. 하나의 악기로도 충분히 아름다운 음악을 만들어내지만, 교향곡처럼 여러 사람이 협주를 하면 개별적으로 연주할 때보다 훨씬 극적인 음악을 연출할 수 있는 법이다. 독일 출신의 정치철학자 한나 아렌트는 정치적 행위 역시 일종의 '협동 행위action in concert'라고 말했다. 정치적 행위의 시너지 효과는 두말할 나위 없이 자유와 평등을 보장하는 조화로운 정치 질서다.

이처럼 둘 이상의 행위자 혹은 기관과 조직이 상호작용 또는 협동을 할 때 그들이 개별적으로 올린 성과의 합계보다 더 커다란 효과를 내는 것이 시너지다. 서로 상이한 부분들이 상호작용을 하면 훨씬 더 큰 전체를 산출한다. 전체와 부분의 이러한 관계를 가장 잘 표현한 말이 아리스토텔레스의 유명한 명제 "전체는 부분의 합보다 크다"다. 이 명제의 출처인 아리스토텔레스의 저서 《형이상학》은 내용이 다소 복잡하고 난해한데, 원전의 내용을 한번 살펴보자.

> 무엇이 통일성의 원인인가? 많은 사람들이 다양한 부분으로 이루어져 있지만, 단지 완전한 합계가 아니라 그 부분들을 넘어서는 하나의 전체다.[1]

이 말에 따르면 우리가 어떤 사람의 정체성을 확인하고, 어떤 조직을 특정한 이름으로 부르고, 어떤 국가를 국가라고 말할 수 있는 것은 다양한 부분들을 하나의 의미 있는 전체로 결합하는 원인이 있기 때문이다. 전체가 부분의 합보다 크다는 것은 전체가 부분과는 다른 무엇인가를 갖고 있으며, 그것이 부분이 개별적으로 존재하고 작용할 때보다 훨씬 커다란 가치를 산출

한다는 의미다. 따라서 전체를 인정하려면 먼저 '~보다 크다more than'라는 말의 뜻을 정확하게 파악해야 한다.

게슈탈트 심리학

정원을 가꿔본 사람은 꽃과 식물을 하나하나 늘린다고 아름다운 정원이 만들어지는 것은 아니라는 사실을 잘 안다. 꽃이 덤불과 어우러지고, 그 속에 잡초까지 어울려 초청하지 않은 벌과 나비들이 저절로 몰려들 때, 우리는 정원이라는 전체가 부분들이 기계적으로 결합해서 만들어지지 않는다는 것을 깨닫는다.

기계론적 체계에서는 부분들의 결합에 내재적 목적이 결여되어 있다. 전체가 부분의 합보다 크다고 인정할 만한 모습을 보면, 부분들은 마치 하나의 내면적인 목적과 경향을 가진 것처럼 다른 부분들과 상호작용을 한다.[2] 전체는 내적인 구조와 기능, 성향과 성격을 가진 합성물이라는 점에서 부분들이 단지 기계적으로 합쳐진 것과는 구별된다. 여기서 전체를 본다는 것은 부분들이 상호작용하는 의미를 파악한다는 것이다.

우리가 사물과 외부 세계를 지각할 때도 전체는 부분에 선행한다. 19세기 말 독일에서 발전해 오늘날 예술 현상을 이해할 때 많이 사용되는 '게슈탈트 심리학'은 우리가 무엇인가를 지각할 때 지각 대상인 형태 전체는 부분과 관계없이 그 자체로서 존재한다고 주장한다. 전체는 항상 특정한 형태로 지각된다는 것이다. 형태, 모습, 꼴을 의미하는 독일어가 게슈탈트gestalt이기 때문에 전체의 관점에서 전체와 부분의 관계를 파악하는 이 이론을 '게슈탈트 이론'이라고 한다.

이 이론의 핵심은 종종 "전체는 부분의 합보다 더 크다"라는 명제로 표현되는데, 게슈탈트 심리학의 창시자인 쿠르트 코프카는 오해의 여지가 있다고 판단해 이 명제를 수정한다. "전체는 부분의 합과는 무언가 다른 것이다."[3] '더 크다'라고 말하면 단순한 추가 또는 덧셈을 의미하는 것처럼 보이기 때문이다.

개별적인 부분들을 더하는 합계는 의미 없는 과정이지만, 전체와 부분의 관계는 의미가 있다. 우리가 사회 문제에 봉착했을 때도 똑같은 경험을 한다. 하나하나의 문제에 개별적으로 대응한다고 해서 사회 문제가 해결되지는 않는다. 해결은 항상 전체와 관련이 있다.

게슈탈트 심리학은 이처럼 전체의 관점에서 부분들 간의 상호 관계와 부분과 전체의 관계를 조망한다. 전체를 보지 못하면 결코 부분들의 관계를 제대로 파악할 수 없다. 그렇다면 부분은 도대체 무엇인가? 전체를 중시하는 게슈탈트 심리학이 부분을 연구하는 방법론을 발전시켰다는 것은 역설적이다. '부분'을 뜻하는 그리스어 메로스meros에서 유래한 메레올로지mereology는 부분의 전체와의 관계와 의미를 집중적으로 조명한다.

부분에 집착하는 사회

우리가 눈으로 보는 대상은 항상 전체의 형태로 지각되기 때문에 전체를 떠나서 부분을 파악할 수는 없다. 여기서 전체는 부분에 의미를 부여하는 맥락의 역할을 한다. 콧등에 아주 매력적인 점이 있는 아름다운 여인을 상상해보라. 얼굴을 구성하는 중요한 요소들인 눈, 코, 입에 점을 덧붙인다고 매력적인 얼굴이 되는 것은 아니다. 아름답게 느껴진 얼굴이라는 전체 맥락에서 점이 비로소 특별한 의미를 갖는 것이다. 얼굴은 개별적인 특성을 바탕으로 인지되기보다는 전체적으로 지각될 뿐만 아니라 개별적인 특성들도 전체 얼굴에서 훨씬 쉽게 지각된다는 실험 결과처럼, 부분은 오직 전체의 맥락에서만 의미가 있다.

그러나 개인화와 원자화가 심화된 현대사회에서 우리는 부분에 지나치게 집중함으로써 전체의 의미를 간과하는 경향이 있다. 자연의 생태계처럼 인간관계도 유기적으로 연결되어 전체에서 부분을 떼어내는 것이 쉽지 않은데도 모든 것을 부분으로 환원해 기계론적으로 설명하려고 한다. 일은 분화되고, 사회도 분화한다. 분업으로 말미암아 작업의 전체 과정을 파악할 수 없고, 조직과 사회의 전체 모습을 있는 그대로 하나의 큰 그림으로 인식하기가 어렵다. 그래서 사람들은 더욱더 부분에 매달린다.

우리가 부분에 집중할수록 전체는 멀어진다. 이런 현대사회의 딜레마를 분명하게 보여준 심리학 실험이 있다. 인지심리학자 크리스토퍼 차브리스와 대니얼 사이먼스가 《보이지 않는 고릴라》에서 소개한 실험이다. 한 팀 학생들은 흰색 셔츠, 다른 팀 학생들은 검은색 셔츠를 입고 농구공을 패스하는 동영상을 만들고, 시청자들에게 흰색 셔츠를 입은 팀의 패스 횟수를 세게 한다. 시청자들의 절반 정도가 패스 횟수를 세는 사이 고릴라 복장을 한 학생이 동영상에 등장해서 가슴을 두드리며 코트를 가로질러 천천히 지나간다. 그러나 시청자들은 이 장면을 눈치채지 못한다. 부분은 이렇게 집중과 몰입을 요구한다. 이 실험은 우리가 정신적으로 전력을 다할 때 사실상 눈뜬 장님이 된다는 것을 보여준다. 아니, 이런 질문을 할 수도 있다. 혹 현대 자본주의사회가 우리를 의미 없는 부분에 집중하도록 정신없게 만들어 전체를 '못 보게 하는 것은 아닌가?'

전체의 의미를 잊고 부분만 몰두하다 보면 번아웃에 빠지게 된다. 앞선 실험처럼 농구공 패스 횟수를 세기 위해 억지로 집중하려면 자신을 통제해야 한다. 처음에는 가능하지만 이런 식으로 집중을 요하는 다른 도전이 끊임없이 닥쳐오면 그때는 자제력을 잃기 쉽다. 우리의 전체적인 능력이 감소하거나 고갈되는 것이다. 더욱 중요한 사실은 명백한 것조차 못 보거나 자신이 못 본다는 사실을 모를 수도 있다는 점이다.

전체와 부분은 결코 양자택일의 문제가 아니다. 그것은 균형의 문제다. 우리 시대는 그 어느 때보다 전체와 부분, 그리고 부분들 서로가 의미 있게 연결되도록 균형을 잡아야 할 필요가 있다. 지금의 전체를 구성하는 부분들이 '새롭게' 연결되어야 '전혀 다른' 전체가 생성될 것이기 때문이다. 창의적인 혁신은 전체를 바라보는 안목에서 나온다고 해도 과언이 아니다.

7

수동과 능동

삶은 뜻대로 조립되지 않는다

진정으로 원하고 열심히 노력하면 위로 올라갈 수 있다. 이는 업적 사회의 달콤한 유혹이다. "개천에서 용 난다"는 변변찮은 집안에서도 열심히 노력하면 계층 상승을 할 수 있다는 코리안드림을 반영한 말이다. 우리는 열심히 노력해 접시 닦이에서 백만장자가 된 사람을 보면 찬탄하고, 어려운 환경에서도 교과서만으로 공부해 일류 대학에 합격한 학생을 영웅 대접한다. 자식이 부모보다 더 좋은 교육을 받고, 더 나은 일자리를 얻고, 훨씬 많은 소득을 올린다는 계층 이동의 신화에는 업적 사회의 확고부동한 신념이 자리 잡고 있다.

성과와 업적을 위해 모든 일에 능동적이고 적극적으로 임하는 사람을 높이 평가하는 것은 매우 당연하고 자명한 일로 여겨진다. 자신의 운명을 주어진 환경과 상황에 수동적으로 내맡기는 것이 아니라 능동적으로 변화시키려는 활동적인 인간이 모범적인 현대인의 대표 유형이다. 이렇게 능동을 긍정적으로 볼수록 수동은 그만큼 부정적으로 평가된다. 계층 이동 사다리가 이미 붕괴됐다는 인식이 확산되면서 '개천에서 용 난다'는 말은 이제 실현 불가능한 신화로 굳어졌지만, 능동과 수동을 바라보는 평가의 틀은 여전히 단단하다. 능동적으로 활동하면 좋은 결과를 얻을 수 있다는 믿음이 깊게 뿌리내리고 있다.

그런데 성과 사회가 한계에 부딪히면서 능동과 수동의 관계에 균열이 생기기 시작했다. 모든 것을 주도적으로 통제하고 이끌어갈 수 있다는 믿음이 흔들리기 시작한 것이다. 현대인의 삶은 더 이상 전통적인 역할, 계급과 체제의 틀에 묶여 있지 않으며 개인들은 자신의 삶을 스스로 결정해야 한다. 예를 들어 전통 사회에서는 결혼 적령기가 되면 부모가 정해주거나 친지들이 소개해준 사람과 결혼하는 것을 당연하게 여겼다면, 현대사회에서는 결혼 상대를 스스로 결정할뿐더러 결혼 대신 동거나 독신을 선택하기도 한다.

우리는 누구나 저마다 전기傳記를 쓴다. 현대인은 삶의 특정한 단계가 되면 자신의 전기에 영향을 미칠 결단을 내린다. 무엇을 전공할 것인가, 어떤 직업을 가질 것인가, 누구와 함께 살 것인가? 이런 질문에 스스로 답하는 과정에서 현대인들의 전기는 일종의 선택형 조립 전기가 된다.

그렇지만 삶은 자신이 원하는 대로 조립되지 않는다. 우리는 모든 것을 스스로 선택한다고 믿지만, 대부분 우리가 처한 조건과 환경이 그렇게 선택하게 만든다. 이러한 선택의 자유는 축복인 동시에 엄청난 부담이다. 예를 들어 현대사회에서 남자와 여자의 성gender 역할을 규정한 전통적인 규범과 형식으로부터 해방되면 될수록, 현대인들은 더욱더 얄팍해진 사회적 관계를 보완할 새로운 친밀성의 관계를 찾아야 한다. 전통적인 관계가 붕괴하고 관계의 안정성마저 사라진 상태에서 철저하게 개인화된 현대인들은 두 사람의 친밀성, 즉 사랑에 더욱 매달린다.

독일의 사회학자 울리히 벡은 사랑의 관계에서 나타나는 개인화의 모순을 "사랑은 그 어느 때보다 더 중요해지지만, 동시에 더 어려워진다"라고 간단하게 서술한다. 가정은 더 이상 일상의 문제들을 자연스럽게 처리하는 보금자리가 아니다. 매일매일 관계를 정상화해야 하는 개인들의 서로 다른, 그리고 때로는 모순적인 요구와 욕망, 소망이 충돌하는 전쟁터가 가정이다. 우리가 결정해야 하는 문제가 복잡할수록 동반자 관계의 갈등 요인도 증대한다. 현대인들이 삶의 닻을 내리고자 하는 사랑은 결코 안정적이지 않다. 덧없는 사랑을 지속할 수 있게 만들려면, 우리는 '사랑이라는 지독한 그러나 너무나 정상적인 혼란'을 겪어야 한다. 그렇지만 사랑이 너무나 혼란스러워 정상인 듯 정상 아닌 비정상이 되고, 또 가정이 사랑과 배려의 공간이기보다는 자기주장과 자기 보존의 전쟁터가 되면, 우리는 모든 것을 스스로 결정해야 한다는 능동성과 자발성에 대한 믿음에 회의의 눈길을 보내게 된다.

능동적으로 생산하고 소비하라

능동은 정말 좋기만 하고, 수동은 나쁜 것인가? 현대인들은 삶의 곳곳에서 마주치는 능동성과 적극성에 대한 요구를 강하게 부정하지는 않더라도 조금씩 불편하게 느끼기 시작한다. 현대사회가 능력의 한계를 무한대로 끌어올리기 위해 능동성을 강조하면 할수록, 모든 것을 스스로 해내겠다는 능동적인 동기는 더욱더 심한 좌절감으로 뒤바뀐다. 현대사회는 아무리 능동적이어도 충분하지 않다는 것을 우리에게 끊임없이 각인시킨다. 본래 능동적이지 않은 사람에게 능동을 강요하는 것은 폭력이다. 능동적이지만 여전히 충분치 않다는 사실을 끊임없이 경험하는 사람에게 능동을 요구하는 것은 고문이다.

능동 사회는 근본적으로 과잉 사회다. 모자람보다는 지나침이 더 낫다고 생각하는 현대사회는 온갖 종류의 과잉을 초래한

우리는 사회의 지배 계급에 착취당하는 것이 아니라,
모든 것을 적극적으로 실행해야 한다는 강박으로
자신을 착취한다.

다. 그런데 현대의 능동 사회의 "과잉 생산, 과잉 성과 또는 과잉 소통"[2]은 동시에 소진과 우울증을 유발한다. 끝없는 모험과 실험, 그리고 시도에 대한 사회의 요구를 받아들이지 않았다고 일탈자나 범법자가 되는 것은 아니다. 벌을 내리는 것은 사회가 아니다. 우리 스스로 벌을 준다. 우리는 사회의 지배 계급에 착취당하는 것이 아니라, 모든 것을 적극적으로 실행해야 한다는 강박으로 자신을 착취한다. 그렇기 때문에 능동의 이데올로기를 받아들이지 않으면 더 이상 아무것도 할 수 없는 번아웃에 빠지게 되는 것이다.

사람들은 잃어버린 능동성을 회복하기 위해 휴식과 여가, 중단과 느림을 찾는다. 한편에서는 여전히 유연성, 창의성, 적극성을 강하게 요구하는데, 다른 한편에서는 여유와 느림, 심지어 게으름을 예찬한다. 현대인들이 창조적 자기실현의 압박을 지속적으로 받는 상황에서 유행처럼 번지는 게으름 예찬은 우리를 능동적 자기실현의 악순환으로부터 근본적으로 해방시키지 못한다. 진정한 자아와 주체성의 확립을 위해 여가가 필요하지만, 결국 모든 것을 능동적으로 실행해야 한다는 능동의 논리에서 벗어나지는 못하기 때문이다.

수동적인 것의 재평가

우리는 능동의 독재로 말미암아 그동안 간과하고 무시한

수동 또는 수동적인 것의 의미를 다시 생각해보아야 한다. 수동은 오직 능동과의 대립 관계에서만 파악되는 것인가? 능동적이지 않으면 모두 수동적인가? 수동이 가진 본연의 의미는 무엇인가?

서양 철학에서 '수동성passivism'은 가장 과소평가된 개념의 하나다. 우리가 사물을 분별할 때 사용하는 인식 능력 가운데 감각은 수동적이고, 이성과 정신은 능동적이다. 감각은 세계를 받아들이고, 이성과 정신은 판단한다. 우리는 대체로 이성을 감성보다 높이 평가한다. 현대인들은 주체가 스스로 결정하고 능동적일 때는 자유롭다고 생각하고, 외부의 영향을 받고 받아들이기만 하면 타율적이라고 생각한다.

우리가 외부 세계를 있는 그대로 받아들이지 않고 과연 능동적으로 행동할 수 있을까? 외부 세계를 감각적으로 받아들이지 않는다면 우리는 판단조차 할 수 없다. 감각적 수용은 시간적으로 이성과 정신의 능동적 판단에 선행한다. 어떤 점에서 보면 감각은 이성적인 판단을 가능하게 하는 전제 조건이다. 고대 그리스인들이 복잡한 활동을 하는 가운데서도 여가를 가지려고 노력했던 것은 현대적 의미의 재충전을 위해서가 아니다. 국어사전은 '여가餘暇'를 '일이 없어 남는 시간'이라고 정의하는데, 여가를 뜻하는 그리스어 스콜레schole는 성찰하고 생각할 수 있는 시간을 말한다. 여가가 있어야만 생각을 할 수 있다는 의미인 것이다. 고대 그리스인들은 이처럼 수동성에 높은 의미를 부여했다.

재충전으로서의 여가는 자본주의사회에서 상품화된 또 다른 활동에 불과하지만, 진정한 의미의 여가는 능동 사회와 업적 사회에 대한 저항적인 문화 형식이 될 수도 있다. 또 여가와 관련된 나태, 게으름, 권태는 능동과 업적의 관점에서 보면 부정적이지만, 자본주의 논리에 대한 저항으로 이해될 수도 있다. 19세기 프랑스에서 발전한 문화 현상인 도시 산책자 플라뇌르 flâneur는 이러한 수동성의 의미를 잘 드러낸다.

플라뇌르는 도시의 거리와 골목을 어슬렁거리며 산책하는 사람을 일컫는다. 이들은 특정한 목적을 갖고 정해진 곳을 향해 열심히 걷는 사람들과 다르다. 이들은 거리와 골목, 특정한 장소의 매력에 이끌려 이리저리 돌아다닌다. 이들은 거리에서 일어나는 일에 자신을 내맡기고, 그 상황을 있는 그대로 수동적으로 받아들인다. 도시는 걷는 사람에게만 다른 모습을 드러낸다. 독일의 문예평론가 발터 베냐민이 "도취적 경험의 내습"[3]이라고 표현한 것처럼, 우리는 도시를 걸으면서 비로소 도시의 낯선 모습을 경험한다. 여기서 수동성은 다른 것과 낯선 것을 경험하게 만드는 원천이다.

수동성은 본래 감수성과 밀접한 관계를 맺고 있다. 세계를 받아들일 수 있는 능력이 감수성이다. 수동성은 능동적 판단에 선행할 뿐만 아니라 비로소 세계를 받아들이고 이해하는 것이다. 이런 점에서 본래의 수동성은 능동과 수동의 이원적 대립보다 더 근원적인 것이다. 일반적으로 수동성은 외적인 것과 낯선 것을 있는 그대로 받아들이는 것을 의미한다. '수동'을 나타내는 말인 그리스어 파토스pathos는 외부의 자극으로 우리 마음에서 감정이 일어나는 것을 뜻한다. 감정이 열리지 않으면 열정도 생기지 않는다. 우리가 세계를 판단하려면 일단은 세계에 대해 마음을 열어야 한다.

우리는 오늘날 세계를 능동적으로 지배하고 통제하는 데 여념이 없어서 세계를 있는 그대로 받아들일 줄 모른다. 성과를 내기 위해 정신없이 일하다 보면 생각을 다른 데로 돌릴 시간의 여유가 없다. 물론 자신의 삶을 주도적으로 책임지는 능동적인 태도는 여전히 중요하다. 자기를 세우지 않고 자유로울 수는 없다. 그러나 업적과 성과라는 이름의 자기 압박 때문에 스스로를 돌아볼 여유가 없다면, 우리는 지속적인 자기 착취의 노예가 되고 만다. 수동의 균형추가 필요한 지점이 여기다. 능동이 지나치면 자기 착취를 통해 오히려 소진된다는 점을 인정한다면, 능동과 수동의 위계를 한 번쯤 뒤집어 생각해볼 필요가 있다.

과거와 미래

어제와 오늘, 그리고 내일

나는 아직도 내일 아침에 마실 커피 향을 미리 생각하면서 행복하게 잠자리에 들곤 한다. 지금 꿈꾸는 상상의 커피가 내일 아침에 마실 커피만큼이나 나를 즐겁게 만든다. 내가 미래 지향적인 사람인지는 모르지만, 미래의 삶을 상상하는 것은 나의 삶과 행위에 커다란 영향을 미친다. 물론 과거에 좋았던 날을 기억하며 삶의 동력을 얻는 사람도 있다. 과거 행복했던 시절에 대한 향수가 현재의 고통을 잊게 해준다. 세상에는 미래 지향적인 사람도 있고 과거 지향적인 사람도 있는데, 이런 시간의 관점이 우리 행위에 많은 영향을 준다.

'구두쇠 영감 스크루지'로 잘 알려진 찰스 디킨스의 작품《크리스마스 캐럴》에는 과거, 현재, 미래의 유령이 등장한다. 성탄절을 함께 축하하자는 조카의 초청을 물리치고, 기부금을 요청하는 신사를 박대한 스크루지에게 동업자이며 친구였던 마아레이의 유령이 나타나 경고를 한다. 앞으로 방문할 세 유령에게서 깨달음을 얻지 못하면 죽은 뒤에 영원한 형극의 연옥 속에서 영원히 방황하며 고통을 당할 것이라고. 과거의 유령은 스크루지를 어린 시절로 데려가 그 당시에 겪었던 고통을 다시 느끼게하고, 현재의 유령은 스크루지가 지금 잃는 것이 무엇인지를 알려주며, 미래의 유령은 아무도 돌보지 않는 불행한 스크루지의 죽음을 미리 보여준다. 이 이야기는 과거, 현재, 미래의 유령을 차례로 만난 스크루지가 현실로 돌아와 모든 사람에게 존경받고 사랑과 자비를 베푸는 참사람이 되어 남은 일생을 살아간다는 해피엔딩으로 끝난다.

우리 삶에 영향을 주는 시간의 관점들, 즉 과거, 현재, 미래 가운데 특별히 더 중요한 것은 없다. 짐작하겠지만 문제는 균형이다. 삶이 주기적으로 반복되는 전통 사회에서는 과거에 대한 기억, 현재의 경험, 그리고 미래에 대한 예측이 비교적 균형을 이루었다. 전통 사회의 시간관은 대체로 순환론이었기 때문이다. 때가 되면 계절이 바뀌는 것처럼 우리의 삶도 순환하고, 역사도 흥망성쇠를 반복한다고 여겼다. 그런데 인간이 역사를 만들고, 역사는 항상 좋은 방향으로 진보한다는 현대적 역사관이 등장한 뒤 시간의 관점이 복잡하게 얽혔다. 진보가 당연하다면, 미래 지향적인 사고는 과거 지향적인 관점보다 더 바람직한 것으로 평가된다.

미래의 삶을 미리 투사하는 태도는 물론 우리에게 행위의 방향과 동력을 제공한다. 꿈을 갖는 것은 중요하다. 그러나 미래에 대한 걱정 때문에 현재의 시간을 받아들이지 못하게 되기도 한다. 불안은 미래에서 온다. 내일이 어떻게 될지 모르는 불안감은 우리의 영혼을 잠식한다. 미래를 걱정하는 것이 나쁜 일인가? 미래에 대한 걱정이 부정적인지 긍정적인지를 결정하는 것은 우리가 무엇을 걱정하느냐에 달려 있다. 만약 그것이 지속적인 걱정과 불안을 의미한다면, 미래 지향적인 사고는 부정적으로 평가될 수 있다. 이 경우 사람들은 걱정을 내려놓고 현재의 시간을 온전히 즐기라고 조언한다. 결국 삶이란 지금, 그리고 여기서 일어나는 것이라고.

현재는 분명히 실재하지만 미래는 그렇지 않다. 그렇지만 현재에만 집착한다면, 어떻게 미래를 계획할 수 있겠는가? 진리는 항상 중간쯤에 있다. 과거, 현재, 그리고 미래에 대한 시간의 관점에서도 지나침과 모자람의 극단은 삶의 균형을 깨뜨린다.

기억과 망각

특정한 시간의 관점이 지나치면 왜 문제가 될까? 우리 삶은 현재 순간의 연속으로 이루어져 있다. 특정한 시간의 관점에서 이미 지나간 것은 과거고 아직 오지 않은 것은 미래다. 과거와 미래는 오직 현재와의 관계에서 의미가 있다. 과거는 현재의 삶과 행위의 동력이고, 미래는 그 방향이다. 현재는 우리가 무엇인가를 시작할 수 있는 자유에서 힘을 얻는다.

무엇인가를 시작하기 위해 과거와 미래가 필요한 존재는 인간뿐이다. 19세기의 시대정신을 예리하게 비판한《반시대적 고찰》의 제2편 〈삶에 대한 역사의 공과〉에서 프리드리히 니체는 역사의 의미를 재미있게 서술한다. 동물은 오직 현재 속에서만 살기 때문에 역사가 없다는 것이다. 따라서 동물은 비역사적인 존재다. 이에 반해 인간은 기억할 수 있는 능력 덕택에 역사와 문화를 창조한다. 과거에 대한 역사를 기억하지 않는 문화를 본 적이 있는가.

그렇지만 개인과 집단의 기억이 너무 커지면, 개인과 집단의 발전은 멈추거나 침체한다. "역사의 과잉은 생명력을 해친다"는 니체의 간단명료한 명제는 과거 지향적 사고가 지나치면 현재의 삶이 위축될 수 있음을 말해준다. 한번 일어난 과거의 사건은 되돌릴 수 없음에도 지나치게 과거에 집착하면, 과거의 짐이 현재를 억눌러 새롭게 시작하지 못한다. '만약 ~했더라면'이라는 가정법에 사로잡혀 삶의 방향을 정하지 못하는 것이다. 과거에 대한 집착으로 훼손되는 것은 바로 현재의 삶을 시작할 수 있는 능력이다. 새롭게 시작하려면, 니체가 말하는 것처럼 잊을 수 있는 능력이 필요하다. 과거를 기억하는 것만큼이나 중요한 망각의 힘을 가질 때 비로소 미래의 삶을 그려볼 수 있는 지평이 생긴다.

과거가 현재의 삶에 도움이 되려면 기억과 망각 사이에 균형이 있어야 한다. 모든 것을 다 잊으면 동물처럼 살아가는 것이고, 모든 것을 기억하면 아무것도 새롭게 시작할 수 없다. 이는 인간 행위의 고유한 특성에 기인한다. 우리는 무엇인가를 행함으로써 역사를 만든다. 삶의 행적은 우리가 한 수많은 행위의 자취다. 그렇지만 우리는 과거의 행적을 지울 수 없는 것처럼 미래의 길을 예측할 수도 없다. 한번 행한 행위는 엎질러진 물처럼 결코 되돌릴 수 없다.

이탈리아 남부 시칠리아 섬의 도시국가 시라쿠사를 다스리는 디오니시오스 왕 곁에는 아첨을 잘하는 신하 다모클레스가 있었다. 왕은 권세를 누리는 자신을 시샘하는 다모클레스에게 하루 동안 자리를 바꾸자고 제안한다. 왕좌에 앉아 더없이 행복해하던 다모클레스는 머리 위를 올려다본 순간 한 올의 말꼬리에 매달려 왕좌를 향해 예리한 날을 번뜩이고 있는 칼을 발견하고는 소스라치게 놀란다. 디오니시오스 왕은 나라를 다스리는 동안 수많은 적을 만들었기 때문에 왕의 자리가 위태롭다는 사실을 잊지 않기 위해 머리 위에 칼을 매달아놓았던 것이다. 고대 그리스의 이야기 '다모클레스의 검'은 권력이 강해질수록 위험도 증가한다는 사실과 함께, 우리가 과거에 행한 모든 행위가 비수가 될 수 있음을 강변한다.

우리는 살면서 알게 모르게 누군가에게 큰 상처를 입힐 수 있다. 과거 행위에 대한 죗값을 요구하는 다모클레스의 검은 우리를 끊임없는 공포에 몰아넣는다. 돌이킬 수 없는 과거의 굴레에서 벗어날 수 있는 유일한 길은 '용서'를 받는 것이다. 용서를 받음으로써 잘못한 일의 결과로부터 해방되지 못한다면, 우리는 새로운 일을 시작할 수 없다.

시간에 대한 태도

과거가 영원한 굴레가 될 수 있다면, 미래는 미지의 늪이 될 수 있다. 그리고 위험으로 가득 찬 미래로 향한 길은 혼자 가는 것보다 둘이 가는 것이 낫다. 예측할 수 없는 미래의 위험을 덜어주는 것은 바로 '약속'이다. 약속은 우리가 무엇인가를 함께 시작할 수 있는 힘이다.[2] 우리가 미래를 생각하는 것은 무엇인가를 시작하기 위해서다. 《바람과 함께 사라지다》의 여주인공 스칼렛 오하라의 마지막 대사 "결국, 내일은 다른 태양이 뜰 거야After all, tomorrow is another day"는 미래와 새로운 시작의 가능성을 간단하게 표현한다.

　문제는 현재의 삶이다. 우리는 현재의 삶을 의미 있게 만들기 위해 과거를 기억하고, 미래를 꿈꾼다. 과거가 현재의 삶을 짓누르지 않도록 때로는 망각해야 하는 것처럼, 현재보다 더 나은 미래의 삶을 원한다면 현재를 어느 정도 통제할 줄 알아야한다. 1960년대 미국 스탠퍼드대학의 심리학자 월터 미셸과 연구진은 3~5세 아동을 대상으로 절제성과 미래 성공의 연관 관계에 관한 실험을 한다. 네 살짜리 아이들에게 마시멜로 한 개가 담긴 접시와 두 개가 담긴 접시를 보여주고, '마시멜로 한 개를 바로 먹어도 되지만 선생님이 나갔다 돌아올 때까지 먹지 않고 기다리면 두 개를 먹을 수 있다'며 즉각적 욕구 충족과 미래의 보상 사이에서 선택하게 한 실험이다. 연구진은 장기 추적을 통해 마시멜로를 끝까지 먹지 않고 참았던 아이들은 크는 과정도 훌륭하고 대인 관계도 좋았으며 학업 성적도 우수했던 반면, 선생님이 나가자마자 마시멜로를 먹어버린 아이들은 약물 중독이나 사회 부적응 등의 문제점을 보였다는 결과를 발표했다.

　마시멜로 실험은 아이들의 인내심과 미래의 성공에는 상관관계가 있다는 것을 증명한다. 미래의 더 나은 삶을 위해서는 현재의 만족을 지연할 줄 알아야 한다는 것이다. 현재의 만족을 포기하려면 미래의 가치를 높이 평가해야 한다. 그렇지만 우리에게 만족을 가져다줄 미래 시점이 멀면 멀수록 미래의 잠재적 보상 가치는 감소한다. 이를 '지연 가치 감소delay discounting'라고 한다. 사람들은 먼 훗날 실현될 완전한 기쁨보다 지금 느낄 수 있는 작은 기쁨을 훨씬 더 좋아한다. 그러므로 미래 보상의 진가를 알려면 무엇보다 중요한 것이 관련된 미래를 상상할 수 있는 능력이다.

미래를 상상할 줄 알아야 현재의 만족을 지연할 수 있다. 물론 마시멜로를 먹고 싶은 유혹을 완강하게 뿌리치며 여러 시간 동안 노려보고만 있는 아이의 모습은 우리를 불편하게 한다. 미래를 위해 모든 것을 철저하게 미루기만 한다면 현재의 삶은 존재하지 않기 때문이다. 신경과학의 새로운 인식은 현재와 미래, 그리고 과거의 관계에 관한 재미있는 결과를 보여준다. 미래의 사건과 결과를 상상할 때 활성화되는 전두엽 피질은 과거의 경험을 상기할 때도 활발하게 움직인다는 것이다. 이처럼 미래 지향적인 사고는 과거의 기억과 경험에도 의존한다. 경험이 많지 않은 어린아이들은 미래를 상상할 수 있는 능력이 떨어진다는 사실은 많은 것을 시사한다. 과거에 대한 기억은 미래에 대한 상상으로 이어진다.

시간에 대한 관점 없이 삶을 상상할 수 없다. 우리가 과거, 현재, 미래의 시간을 어떻게 보느냐에 따라 삶의 모습이 달라진다. 여기서도 중요한 것은 역시 균형이다. 스탠퍼드대학의 심리학자 필립 짐바르도는 시간에 대한 심리적 관점이 행위와 의사 결정에 영향을 준다는 전제 아래 여섯 가지 시간 관점을 제시한다.[3] 긍정적인 과거 지향적 태도는 과거의 좋은 경험에 초점을 맞추고, 부정적인 과거 지향적 태도는 잘못된 것만 기억하며 후회한다. 현재에 대한 시간적 태도 또한 이중적이다. 쾌락주의적인 현재 지향적 태도는 현재의 기쁨과 쾌락을 중시하고, 운명주의적인 현재 지향적 태도는 이미 다 결정되었다고 믿으면서 현재의 모든 것을 받아들인다. 반면 미래 지향적인 태도는 미래를 계획하고 자신의 결정을 믿으며, 초월적인 미래 지향적 태도는 현재의 삶보다 죽음 뒤의 삶을 중시한다.

먼저 우리가 시간에 대해 어떤 태도를 취하는지를 아는 것이 중요하다. 어떤 사람은 미래에 실현될 진짜 삶을 위해 현실을 희생하고, 어떤 사람은 언제나 불만에 가득 차서 내일도 어제와 똑같을 거라고 확신하는 것처럼 보인다. 또 어떤 사람은 아무리 노력해도 미래의 삶이 더 좋아지지 않을 거라는 생각에 현재의 쾌락을 추구한다. 과거와 현재, 그리고 미래가 균형을 이루지 못하면 결국 우리의 삶은 중심을 잡지 못한다. 현재를 늘 건너뛰는 미래 지향적인 사람이나 과거에 묻혀 현재를 보지 못하는 과거 지향적인 사람과는 달리 진정으로 충만한 현재의 인간은 과거와 미래의 균형을 이룬다.

3
부

균형 연습

○   봄, 여름, 가을, 겨울의 계절 변화가
     역동적인 균형을 이루듯이
     우리 삶의 여정 역시
     거의 완벽한 좌우 대칭을 이룬다.
     우리의 인생은 삶과 죽음의 균형인 것이다.

1

일과 삶

직장에는 삶이 없다?

"일을 하지 않을 때는 집에 있고, 일을 할 때는 집에 없다."[1] 자본주의사회의 모순을 예리하게 분석한 마르크스의 이 명제는 오늘날 후기 자본주의 시대의 핵심 화두인 '워라밸'의 문제점을 잘 드러낸다. '일과 삶의 균형'을 뜻하는 워라밸work and life balance 은 개인의 행복한 삶을 위해서뿐만 아니라 기업의 생산성을 위해서도 매우 중요한 문제로 인식되고 있다. 직장에서 일하는 것도 삶의 한 부분인데 워라밸을 강조하는 것을 보면, 직장에서의 활동은 진정한 삶이 아니라는 인식이 깔려 있는 듯하다.

워라밸은 사실 일과 가정의 균형을 말한다. 우리가 흔히 쓰는 '알바'는 원래 아르바이트arbeit를 줄인 말로, 한국어에 동화되어 한국어처럼 사용되지만 어원은 독일어다. 중세 독일어로 '노동'이라는 뜻을 지닌 이 말에는 고난과 고통이라는 의미가 담겨 있다. 우리의 몸을 사용하는 노동 치고 어렵지 않은 것은 하나도 없다. 고대 농경 사회에서 생존하기 위해 필요한 물품을 생산하는 노동은 고되고 힘들었다. 노동이 대부분 노예의 몫이었음은 두말할 여지가 없다. 인간의 활동을 노동, 작업, 행위로 구분한 한나 아렌트는 노동에 관해 "필요에 의해 필연적으로 수행하는 신체의 노동은 노예적이라는 확신에 근거하고 있다"고 말한다. 사람은 살아남기 위해, 즉 생존을 위해 일한다. 노동을 경멸하고 거부감을 보이는 것은 이런 인식에서 비롯되었다. 일만 하는 것은 노예인 것이다.

산업화를 거쳐 자본주의가 보편화되면서 우리 삶에 필요한 물건은 공장에서 생산된다. 고대 농경 사회에서는 노예의 노동이 이루어지는 곳이 집이었지만, 이때부터는 노동자들이 집이 아닌 공장에서 일을 한다. 모든 사람이 자유롭고 평등하다고 믿는 현대사회에서는 모두가 집으로부터 떨어진 직장에서 일을 한다. 직장은 살아가는 데 필요한 생활 수단을 살 수 있는 돈을 버는 일터다. 사람들은 노동을 팔고, 회사는 임금을 제공한다. 이런 자본주의적 삶의 방식이 일반화되었음에도 사람들은

'생활 수단이 삶 자체는 아니다'라는 생각을 가진다. 돈을 벌 필요가 없다면 직장을 때려치우고 싶다는 사람이 한둘이 아니다. 직장은 돈 버는 곳이지 삶이 이루어지는 곳이 아니다. 그렇다면 오늘날 진정한 삶은 어디에서 이루어지는가?

일할수록 사라지는 나

사람들은 집에 머무는 동안은 자신이 설계한 삶을 살 수 있다고 생각한다. 한 가지 분명한 사실은 일을 끝마치고 집에 있을 때는 편안한 느낌이 든다는 것이다. 직장에서 일을 할 때는 마냥 편안하지만은 않다. "일을 하지 않을 때는 집에 있고, 일을 할 때는 집에 없다"는 마르크스의 말은 경험적으로 옳다. 물론 집에 있는 것이 좋기는 하지만, 할 일이 없어 집에 있을 수밖에 없다면 고통스럽다. 사람에게는 적당히 할 일이 있어야 하고, 적당하게 쉴 수 있는 집이 있어야 한다.

어느 정도 일하는 것이 삶의 균형을 이루는 적당한 수준인가? 직장에서 일을 할 때든 집에서 쉴 때든 우리는 어떻게 자신의 삶을 살 수 있는가? 일을 하면서도 자기 자신을 느끼거나 발견하지 못한다면, 우리는 소외된 것이다. '소외'는 간단히 말하면 살면서도 살아 있음을 느끼지 못하는 것이다. 현대인의 소외 의식을 예리하게 파헤친 마르크스의 말을 살펴보자.

노동은 노동자에게 외면적인 것으로 존재한다. 다시 말해 노동은 노동자의 본질에 속하지 않는다. 그러므로 노동자는 노동하면서 자신을 긍정하지 않고 부정하며, 행복을 느끼지 않고 불행을 느끼며, 자유로운 신체적·정신적 에너지를 개발하지 못하고, 자신의 신체를 혹사하고 자신의 정신을 황폐화한다. 따라서 노동자는 노동하지 않을 때 비로소 자기 자신에 머물며, 노동을 할 때는 자신을 상실한다.[3]

진정한 삶의 핵심은 자신과 함께 있으며, 자신을 의식하고 발견하는 것이다. 그러나 현대사회에서 삶과 노동은 낯설게 겉돈다. 일과 노동이 삶을 실현하는 것이 아니라 오히려 방해하는 것처럼 느껴진다. 무엇이 우리의 일을 강제 노동으로 만든 것인가? OECD(경제협력개발기구)가 2019년에 발표한 연평균 노동시간에 관한 통계에 따르면 한국은 연평균 노동시간이 2005시간으로 OECD 국가 중 멕시코와 코스타리카에 이어 세 번째로 일을 많이 하는 나라다. 가장 적게 일하는 나라는 독일로 연평균 노동시간이 1362시간에 불과하다. 흥미로운 점은 독일은 가장 적게 일하면서도 이웃 나라인 영국보다 생산성이 무려 27퍼센트나 높다는 사실이다. 가장 많이 일한다고 가장 생산적인 것은 아니다.

잘살기 위해서는 많이 일할 필요가 있지만 많이 일한다고 잘사는 것은 아니다. 독일의 예가 경제력이 높은 국가라고 해서 반드시 많이 일하는 것은 아니라는 점을 잘 보여준다. 그뿐만 아니라 경제적으로 잘산다고 반드시 만족도가 높고 행복한 것은 아니다. 2019년 유엔이 발표한 '2019 세계행복보고서World Happiness Report 2019'에 따르면, 1위인 핀란드를 포함해 1위부터 10위까지 유럽의 8개국이 포함되어 있으며, 한국은 54위로 중하위권에 위치한다. 우리나라는 일을 많이 해서 경제적으로 잘 살기는 하지만 정작 국민은 잘 산다고, 행복하다고 느끼지 못하는 것이다.

일과 가정, 일과 삶의 균형을 이루기 위해 가장 중요한 것은 결국 '시간의 균형'이다. 열심히 일하는 것이 죽도록 일하는 것이 되지 않으려면 노동시간이 균형 있게 조정되어야 한다. 아침에 출근했다가 저녁 늦게 퇴근해 집에서는 잠만 자는 일이 주 5일간 되풀이되면, 가족과 함께할 수 있는 시간이 줄어들어 결국 가정도 삶의 공간이 되지 못한다.

노동의 고통과 압박으로부터 벗어난 시간을 자유 시간이라고 한다. 자유는 자유 시간에서 온다. 자유 시간을 가질 때만 자신과 함께하고, 자신을 의식할 수 있기 때문이다. 자유 시간을 휴식에 활용하면 휴식 시간이 되고, 레저 활동에 사용하면 여가 시간이 된다. 일하면서 자기 자신을 찾을 수 없다면, 자신으로 돌아갈 수 있는 자유 시간을 늘려야 한다. 일과 가정의 균형은 근본적으로 '노동시간'과 '자유 시간'의 균형이다.

일하지 않고는 살 수 없지만, 일이 우리의 삶을 황폐하게 하거나 파괴해서는 안 된다. 그렇다면 현대사회에서 과도한 노동은 우리의 삶을 파괴하는 것인가? 워라밸은 왜 필요한 것인가? 우리는 노동과 삶, 직장과 가정이 분리된 현대 자본주의사회의 논리에 주목할 필요가 있다. 자본주의는 끝과 한계를 모른다. 자본주의적 욕망은 가지면 '더 많이' 가지려 하고, 원하는 것을 얻기 위해 '더 많이' 일하게 만든다. 이윤의 극대화를 추구하는 자본주의는 정지를 모르는 하나의 끝없는 운동이다. 이 운동은 시장 경쟁을 통해 움직인다. 우리는 열심히 일할 때 흔히 '정신없이 일한다'고 말한다. 어떤 일에 몰두해 주위를 의식하지 못한다는 뜻이지만, 일만 하다 보면 정말 '정신이 사라지는 것'을 경험하게 된다. 이렇게 1년 365일을 수십 년 동안 일하다 은퇴할 시기가 다가오면 '왜 그렇게 열심히 일했는가?' 하는 회의를 품은 질문을 던지게 된다. 기계처럼 일만 하면 스스로 기계의 부품이 되는 것은 당연한 일이다.

직업과 노동

일과 삶의 균형을 이룬다는 것은 '왜 일하는가?'라는 질문에 답을 구하는 길이다. 왜 일하는지 일과 노동의 목적을 안다면, 우리는 이 목적의 관점에서 비교적 어렵지 않게 직장과 가정,

일과 삶의 균형을 이룰 수 있다. 좋은 직장은 이런 균형을 이룰 수 있게 해주는 직장이다. 독일 문화권에서는 흔히 노동과 직업을 구분한다. 직업이 소명 의식을 느낄 정도로 자신의 모든 정신과 에너지를 투입할 수 있는 천직을 의미한다면, 노동은 단순히 생존을 위한 활동이다.

요즘 이렇게 생각하는 사람들이 줄어드는 것은 사실이지만, 여전히 잡job과 워크work는 구분된다. 하나는 '생계를 위한 일'이고, 다른 하나는 '삶을 위한 일'이다. '잡'이 고용 관계에서 계약 사항을 충족하기 위해 필요한 역할과 책임이라고 한다면, '워크'는 삶의 과정에서 스스로 소중하게 생각하고 실현하고자 하는 목적과 사명 같은 것이라고 할 수 있다. 돈 받는 만큼 일하는 것이 잡이라면, 일하는 게 좋아서 하는 일은 워크다. 고용주들은 대부분 고용인들이 워크를 해주기를 바라고, 고용인은 자신의 일을 단순히 돈 벌기 위한 잡으로 생각한다.

그러므로 워라밸은 두 영역에서 동시에 이루어져야 한다. 직장에서의 일이 낯설고 이질적인 생계 활동이 아니라 삶의 한 부분으로서 의미 있는 노동이어야 한다. 직장에서의 갑질 문화를 제거하고 조직 문화를 개선해 일하기 좋은 분위기를 조성함으로써 직장에서의 삶 자체를 매력적인 것으로 만들어야 한다. 생계를 위한 일, 즉 잡을 수행하면서 그것이 삶을 위한 일이 되는 법을 배워야 한다.[4] 직장 생활이 나의 삶을 실현하는 데 도움이 된다는 느낌을 받을 때, 우리는 마음을 다해 일하게 된다.

그렇다면 어떻게 직장을 단순한 '일터'가 아닌 '삶터'로 만들 수 있을까? 어떻게 하면 하루 대부분을 직장에서 보내는 직장인들이 자신의 일을 노역이 아닌 삶으로 여기게 될까? 최근 산업심리학과 조직심리학의 연구 결과에 따르면, 일하면서 짧게 자주 쉬는 것이 훨씬 효율적이고 생산적이라고 한다. 연속적인 노동보다는 '사이'가 있는 노동이 좋다는 것이다. 동료와의 관계에서도 적당한 거리와 사이가 소통의 윤활유가 된다. 틈이 없는 상사와 부하의 수직적 위계만 문제가 있는 것이 아니다. 동료들 간의 지나친 경쟁 역시 인간적인 거리와 사이를 파괴한다. '한 물체에서 다른 물체까지의 거리와 공간' 또는 '어떤 일에 들이는 시간적인 여유나 겨를'을 의미하는 사이가 있어야 동료들과 '사이좋게' 지낸다.

사이는 여유의 공간인 동시에 사유의 공간이다. 정신없이 일만 하는 현대인들은 삶에 '사유의 공간'을 만들어야 한다. 생각한다는 것은 삶의 의미를 묻는 것이다. 삶의 숨결이 없는 육체는 시체인 것처럼, 사유하지 않는 인간 정신도 죽은 상태나 마찬가지다. 오로지 이윤을 창출하기 위한 계산에만 정신이 팔려 정작 삶의 의미를 사유하지 않는다면, 직장은 죽은 삶의 공간이 된다. 생존을 위해서만 일하는 공간에는 사유가 숨 쉬지 않는다. 일과 삶의 균형이 필요한 이유는 바로 사유가 필요하기 때문이다. 왜 열심히 일해야 하는가? 열심히 일하면 우리의 삶은 행복해지는가? 일상으로 반복되는 노동을 잠시 중단하고 생각할 여유를 갖는 것이 워라밸의 출발점이다.

2

나이 듦과 죽음

인생이라는 완벽한 대칭

때로 우리는 인간이 자연임을 잊고 살아간다. 자연은 우리가 경험할 수 있는 최고의 균형 잡힌 모델이다. 낮과 밤은 주기적으로 바뀌고, 계절의 변화는 균형을 이룬다. 그리고 인간은 자연의 한 부분으로서 거대한 자연과 우주 질서에 속해 있다.

이러한 사실을 잊고 살아가는 우리를 일깨워주는 것은 바로 '죽음'이다. 인간은 특정한 시점에 세상에 태어나서 일정 기간 살다가 특정한 시점이 되면 죽을 수밖에 없는 유한한 존재다. 봄, 여름, 가을, 겨울의 계절 변화가 자연의 역동적인 균형을 이루듯이, 우리 삶의 여정을 이미지로 표현한다면 거의 완벽한 좌우 대칭의 균형을 이룬다. 막 걷기 시작한 어린아이의 모습은 걸음이 불편해진 노인의 모습과 대칭을 이루고, 혈기 왕성한 청소년기의 모습은 자신의 삶을 열정적으로 받아들이는 장년기의 모습과 균형을 이룬다. 삶의 정점을 지나고 앞으로 '살 날'이 이제까지 '산 날'보다 짧아지기 시작하면, 우리는 어쩔 수 없이 죽음을 떠올린다.

황혼이 깃드는 나이가 되면 삶은 더 이상 당연한 것이 아니고 우리는 죽음을 이전보다 많이 생각하게 된다. 당신은 얼마나 자주, 어떤 상황에서 죽음을 생각하는가? 그런데 우리의 상식적인 기대와는 달리 죽음이 가까운 사람조차도 사실 삶을 훨씬 더 많이 생각한다. 젊은 시절에는 삶의 한가운데 있기 때문에 죽음을 생각하지 않고, 노년에는 두려운 마음에 죽음을 의도적으로 회피한다. 사람들은 어떻게 하면 잘 살 것인가를 고민하지 어떻게 잘 죽을 것인가는 성찰하지 않는다.

더구나 오늘날 엄청난 건강과 높은 장수 가능성을 제공한 과학과 기술은 이제 인간에게 불멸의 꿈마저 꾸게 한다. 죽음의 문제는 회피하고 삶의 문제에만 매달리는 현대인의 '삶에 대한 편집증'은 결국 '어떻게 하면 잘 살 수 있는가?'라는 물음을 '어떻게 하면 오래 살 수 있는가?'의 문제로 바꿔놓는다. 보건복지부의 'OECD 보건통계 2019년' 자료에 따르면, 2017년 기준으로 우리나라의 기대 수명은 82.7년(남자 79.7년, 여자 85.7년)을 기록해 OECD 국가 평균(80.7년)보다 2년 길었다. 우리나라 사람들은 OECD 회원국 가운데 다섯 번째로 오래 살지만, 자신이 건강하다고 생각하는 국민의 비율은 OECD 회원국 가운데 가장 낮았다. 다른 선진국 국민은 15세 이상 인구 중 80퍼센트가 넘는 사람이 스스로 건강하다고 생각한 반면, 우리나라는 29.5퍼센트만이 본인이 건강하다고 생각했다. 오래 산다고 반드시 건강하게 사는 것은 아니라는 사실이 분명하게 드러난 것이다.

많은 사람이 노인을 보면 자연스럽게 병과 죽음을 떠올린다. 사실 노화는 병이 아님에도 병으로 여기는 사람들은 스스로 건강하지 않다고 생각할 확률이 높다. 이에 스토아 철학자들은 오히려 우리의 권한에 속하지 않은 것, 즉 노화와 죽음을 자연스럽게 받아들이라고 말한다. 스토아 철학자 무소니우스는 노년을 비참하게 만드는 것은 노쇠나 병이 아니라 '죽음의 공포'라고 했다.

> 이 공포는 노인을 가장 불안하게 만들고 가장 짓누른다. 노인은 죽음이 죽을 수밖에 없는 모든 존재의 운명이라는 사실을 망각한 것처럼 보인다.[1]

무소니우스는 죽음의 공포로부터 벗어나는 것이 노년을 건강하게 잘 사는 법이라고 말한다. 죽음은 우리가 어찌할 수 있는 것이 아니지만, 죽음에 대한 생각은 스스로 통제할 수 있다. 어떤 사람들은 죽음을 두려워하지만, 어떤 사람들은 죽음 이후의 삶을 두려워한다. 지옥에 떨어지면 어쩌지! 연옥의 불구덩이에서 겪을 고통을 어찌 견뎌낼 수 있을까! 우리에게 구원과 영생을 약속하는 종교가 오히려 공포를 불러일으킨다는 사실이 역설적이다. 그렇지만 훨씬 많은 사람이 자신이 잘못 살았다는 생각 때문에 두려워한다. 살기는 했지만 진정으로 가치 있는 것을 성취하지 못한 채 살았다는 생각이 죽음을 마주하고 있는 모든 사람에게 엄습한다.

결국 문제는 '어떻게 사는가'로 돌아온다. 현대적 상황에서 고대 그리스의 삶의 예술을 복원하려고 노력했던 프리드리히 니체는 삶과 죽음을 대립적인 것으로 생각하는 사람들을 경계하라고 말한다. 좋은 죽음을 맞이하기 위해서는 우선 잘 살아야한다.

'제때 죽도록 하라.' 그러나 제때에 살지 못하는 자가 어떻게 제때 죽을 수가 있는가?[2]

죽음의 공포

죽음에 대한 공포는 삶에 너무 집착해서 죽음을 생각하지 않을 때 찾아온다. 죽음을 물리칠 수는 없다. 죽음에 반격할 수 있는 가장 좋은 방법은 오히려 죽음에 대한 생각을 한시도 놓지 않는 것이다. 죽음에 대한 생각을 습관화할 때, 죽음에 대한 두려움과 친해지고 죽음의 공포가 예기치 못한 때에 엄습하는 일은 없어진다. 스토아 철학자들은 죽음의 공포로부터 벗어나기 위해 세 가지를 생각하라고 권유한다. 첫째, 죽음은 모든 생명체의 필연적인 운명이다. 스토아 철학자들은 운명을 우리보다 훨씬 자연스럽게 받아들였다. 에픽테토스는 재미있는 비유를 들려준다.

> 밀 같은 것이 왜 성장하는가? 태양 아래서 익어가기 위해서이지 않은가? 밀이 익었다면, 그것은 수확될 것이지 않은가? 만약 밀이 감정을 갖고 있다면, 밀이 언제든 거둬들여지지 않기를 기도해야 하는가? 밀을 수확하지 않도록 기도하는 것은 밀에게는 저주다. 마찬가지로 사람들이 죽지 말기를 기도하는 것은 그들에게 저주를 내리는 것이다.[3]

둘째, 우리가 죽음을 심란해하는 것은 죽음을 예견하고 성찰할 수 있기 때문이다. 지상의 다른 생명들도 다 죽어가지만, 그들은 자신들의 죽음을 성찰하지 못한다. 성찰한다는 것은 의미를 발견한다는 것이다. 죽음에 의미를 부여하고 무덤을 만들고

의식을 거행하는 존재는 인간밖에 없다. 죽음을 통제할 수는 없지만, 죽음을 어떻게 생각할지는 전적으로 우리에게 달린 것이다. 죽음에 대한 두려움이야말로 그 어떤 것보다 강렬한 감정이지만, 우리는 죽음을 삶에 도움이 되도록 현명하게 생각할 수 있다.

셋째, 죽음에 대한 공포는 대체로 삶에 대한 무지에서 나온다. 우리가 인간의 삶과 일들을 충분히 이해한다면, 죽음의 공포로부터 자유로울 수 있다. 모든 인간의 악, 천박하고 비겁한 정신의 근원이 죽음이 아니라 죽음에 대한 공포라는 사실을 깨닫고, 죽음의 공포에 대처하는 법을 배워야 한다. 그것만이 우리가 자유를 성취할 수 있는 법이다. 에피쿠로스가 말한 것처럼, "우리가 존재한다면 죽음이 오지 않은 것이고, 죽음이 오면 우리는 존재하지 않는 것"이기 때문에 죽음을 두려워할 이유가 없다. 죽음은 오직 우리의 삶을 완성하는 계기가 된다는 점에서만 의미가 있다.

자유로운 죽음을 위하여

우리 모두는 죽을 운명이다. 우리가 살아간다는 것은 이미 죽음의 방향으로 호기롭게 발을 뗐다는 것을 의미한다. 이 길은 되돌아갈 수 없으며, 멈춰 설 수도 없다. 우리는 그 길을 끝까지 마저 가야 한다. 몽테뉴는 "철학자가 된다는 것은 죽는 법을 배

죽음에 대한 공포는
대체로 삶에 대한 무지에서 나온다.
죽음은 오직 우리의 삶을 완성하는 계기가 된다는 점에서만
의미가 있다.

우는 것이다"라고 말했다. 죽는 법을 배운다는 것은 죽음의 공포로부터 벗어나 살 수 있는 법을 배우는 것이다.

과거 전통 사회에서는 전쟁과 기아, 질병 등 죽음이 언제나 눈앞에 도사리고 있었다. 그런데 지금은 역사상 처음으로 너무 많이 먹어서 죽은 사람이 못 먹어서 죽은 사람보다 많고, 기근이나 전염병, 테러리즘으로 죽는 사람보다 맥도날드에서 폭식하다 죽을 확률이 훨씬 높은 시대다. 21세기의 우리는 죽음에 대해 말하기를 더 꺼린다. 수명이 늘어나면서 죽음에 대해 함구한다. 죽음이 더 이상 눈앞에 닥친 절박한 상황이 아니므로, 죽음을 생각하고 성찰하는 것이 병적으로 나쁜 태도라도 되는 것처럼 여기기도 한다. 우리는 이렇게 죽음에 대한 생각을 미룬다.

그렇지만 정신없이 일할 때는 죽음을 생각하지 않다가도 은퇴가 가까워지면 노년의 삶이 두려워진다. 연금 없이 앞으로 어떻게 살지 걱정이 쌓여간다. 스토아 철학자라면 이럴 때마다 한시라도 빨리 죽음에 대해 생각했어야 한다고 말할 것이다. 죽음은 한편으로 우리가 삶을 통해 실현하고자 하는 가치에 대해 생각하게 할 뿐만 아니라, 다른 한편으로는 노년의 삶을 건강하게 살 수 있는 방법을 가르쳐준다. 그러므로 진정한 의미에서 잘산다는 것은 삶과 죽음의 균형을 이루는 것이다. 삶의 한가운데에서 죽음을 생각하고 성찰함으로써, 삶의 의미를 찾고 죽음을 현명하게 맞이하는 것이다. 그럼에도 죽음에 대한 두려움을 떨

쳐버릴 수 없다면, 이런 질문을 던져보는 건 어떨까.

　　죽음에 대한 불평을 늘어놓으면서 우리가 진정으로 바라는
　　것은 무엇인가?

　죽음에 대한 공포에서 벗어났다고 하더라도 죽음은 어김없이 찾아온다. 우리는 어떻게 죽음을 맞이할 것인가? 스토아 철학자들은 품위 있게 사는 것을 오래 사는 것보다 높게 평가하며, 죽음을 당당하게 맞이하라고 말한다. 아이러니하게도 고대 그리스의 스토아 철학자인 제논, 그리고 로마의 카토와 세네카는 모두 스스로 삶을 마감했다. 무소니우스는 "오래 사는 것보다는 영예롭게 죽는 것이 더 낫다"면서 "할 수 있다면 잘 죽는 길을 택하라. 너무 오래 기다리면 스스로 선택하는 일이 불가능해질 것이다"라고 말한다.[4] 자살을 권유하는 것처럼 보이는 이 말은 윤리적인 논란을 불러일으킬 수도 있다. 그러나 한 가지 분명한 것은 스토아 철학자들이 결코 죽음을 원하는 것은 아니라는 사실이다. 그들이 원하는 것은 최선의 삶이다. 영원히는 아니라도 아주 오랫동안 살 수 있을 거라고 믿는 사람들은 죽음을 받아들이는 사람들보다 현재의 삶을 낭비할 가능성이 크다. 스토아 철학자들은 좋은 죽음으로 삶을 잘 마감하기를 바라는 것이다.

우리는 어떤 죽음을 바라는가? 이 질문은 궁극적으로 '어떤 삶을 살기를 바라는가?'로 이어진다. 우리에게 죽는 법을 배워야 한다고 강변하는 니체는 이런 죽음을 꿈꿨다.

> 더 이상 당당하게 살 수 없을 경우에 당당하게 죽는 것, 자발적으로 선택한 죽음, 제때에 자식들과 다른 이들이 지켜보는 가운데 명료한 의식 상태에서 기뻐하며 죽는 것, 그래서 작별을 고하는 자가 살아 있는 동안 진짜로 작별을 고하는 것이 가능한 죽음. 또한 자신이 성취한 것과 원했던 것에 대한 진정한 평가와 삶에 대한 총결산이 가능한 죽음.[5]

니체는 자유롭지 않은 죽음과 적당하지 않은 때의 죽음은 비겁자의 죽음이라고 질타한다.

> 사람은 삶에 대한 사랑에서 다른 식의 죽음을 원해야 한다. 우연하고 돌연히 찾아오는 죽음이 아니라 자유롭고 의식적인 죽음을.[6]

이런 죽음을 원하는가. 그렇다면 삶을 사랑하면서 자유롭고 의식적으로 살아야 한다.

3

외로움과 고독

고독이라는 전염병

다람쥐 쳇바퀴 도는 일을 그만두고 자기만의 시간을 갖고 싶을 때가 있다. 홀로 있으면 자아를 발견할 수 있고, 사람들과의 고통스러운 관계에서 벗어날 수도 있다. 직장 생활을 하면서 가장 힘든 것이 과중한 업무보다는 인간관계라고 하니, 인간관계를 피해 혼자 있고 싶은 생각이 들 법하다.

그러나 고독은 사회적 고립이기 때문에 실존적 고통을 유발한다. 고독이 오랫동안 지속되면 자신과 대화할 수 있는 용기를 으스러뜨리고 결국 실존 자체를 위험에 빠뜨린다. 영국 남부 햄

프셔의 한 가정집에 붙은 포스터가 화제가 된 적이 있다. "저는 사랑하는 아내를 잃었습니다. 친구나 가족이 없어 대화할 사람이 없어요. 24시간 계속되는 적막이 견딜 수 없는 고문입니다. 나를 도와줄 사람이 없나요?" 코로나19로 인해 봉쇄령이 내려지자 아내를 잃은 75세 남성이 외로움을 토로하며 도와달라고 써 붙인 포스터였다. 그의 사연이 보도되자 세계 각지에서 그를 향한 도움의 손길이 이어졌다. 고독으로 인한 고통을 공감하며 화상 통화로 대화를 나누는 등의 도움을 전하려 한 것이다.

오늘날 고독은 사회 문제의 하나로 인식되고 있다. 고독의 문제를 다룬 신문기사를 찾는 것은 어렵지 않다. "고독 전염병 Loneliness Epidemic, 사람들은 그 어느 때보다 서로 긴밀하게 연결되어 있지만 더 외로움을 느낀다."[1] 우리는 인터넷과 스마트폰 같은 디지털 기기로 촘촘하게 결합된 '초연결 사회'에 살고 있다. 과거 전통 사회에서는 물리적인 거리 때문에 관계를 맺을 수 없고 쉽게 소통할 수 없었던 사람들과도 실시간으로 연결된다. 현대인들은 왜 이러한 관계 속에서 고독을 느끼는가? 현대의 고독이 접촉의 결여에서만 오는 것이 아니라 접촉의 과다에서도 비롯된다면, 고독의 진정한 원인은 무엇인가?

현대사회는 이중적이다. 현대사회는 사람들을 서로 연결하지만, 다른 한편으로는 고립시킨다. 지금 우리에게 혼자 사는 것은 낯선 일이 아니다. 혼자 사는 사람의 숫자는 역사적으로 유례가 없을 정도로 증가하고 있다. 서구 유럽과 미국 등 선진국의 경우 인구의 약 30퍼센트가 1인 가구다. 우리나라도 통계청이 발표한 '장래가구추계: 2015~2045년'에 따르면 2017년 28.5퍼센트였던 1인 가구가 2025년이면 31.9퍼센트가 될 것으로 예측된다. 혼자 사는 사람의 숫자는 개인주의와 맞물려 더욱더 증가할 것이라고 한다. 이런 점에서 현대사회의 '고독 전염병'[2]은 당연한 것처럼 보인다.

그렇다면 현대인들은 정말 옛사람들보다 훨씬 고독한 것일까? 고독에 대한 관심과 논의가 늘어났다고 해서 고독도 증가한 것일까? 부인할 수 없는 분명한 사실은 혼자 사는 사람이 증가했으며, 고독은 당사자의 삶의 질에 상당한 영향을 미친다는 것이다. 고독이 신체적 건강과 정신적 건강에 미치는 영향이 흡연이나 비만보다 더 크다는 연구 보고도 있다. 실제로 고독은 육체적 고통처럼 매우 실제적이고 현실적인 사회적 고통이다. 고독하다는 느낌과 감정이 전염되듯 고독을 느끼는 사람 역시 증가하고 있다. 그런데 오늘날 고독이 전염병처럼 널리 퍼졌다는 사실을 증명해줄 확실한 증거는 없다고 한다. 고독은 사회관계로부터 분리된 상태에 대해 느끼는 주관적인 감정이기 때문이다. 그렇다면 한 가지 의문이 남는다. '혼자 있다고 반드시 고독한 것인가?'

홀로 있으면 고독할까

어떤 의미에서 우리는 모두 혼자다. 문제는 혼자 있는 것이 아니라, 홀로 있음에 대한 우리의 감정이다. 고독하다는 감정은 설명이 필요 없을 정도로 우리에게 익숙한 경험이다. 함께 놀 친구들이 없이 완전히 홀로 남겨졌을 때 어린아이가 느끼는 감정도 고독이다. 황혼이 아름다운 어느 저녁, 누군가와 함께 있고 싶은데 가까이에 사람이 없을 때도 고독한 감정이 밀려온다. 초대받은 파티에서 낯선 사람들에게 둘러싸여 어찌할 바를 모를 때도, 친지나 친구들 가운데 있지만 자신의 말을 진정으로 들어주는 사람이 없다고 느낄 때도 고독하다. 관계가 이미 끝났다는 사실을 알면 오랫동안 함께한 파트너가 곁에 누워 있어도 고독하다. 기쁜 일이든 슬픈 일이든 모든 걸 함께해 감정적으로 친밀하게 연결된 사람이 갑자기 영영 떠난다면 어떻겠는가? 모든 사랑과 관계에는 대가가 따르게 마련이다. 고독은 우리가 맺는 사회적 관계를 위해 치러야 하는 희생이다.

우리는 근본적으로 혼자다. 고독은 혼자 살 수밖에 없는 인간의 근본적인 감정이다. 그런데 인간은 혼자 살 수 없다. 만약 "우리가 사회적 존재가 아니라면 고독은 존재하지 않을 것이다."[3] 우리가 사회적 존재라는 바로 그 이유로 사람들 속에서 특별히 더 고독을 느끼는 것이다.

홀로 있다는 것은 문제가 아니다. 어떻게 홀로 있느냐가 문제다. 고독은 우리가 그 사실을 어떻게 느끼는가에 달려 있다. 어떤 사람은 홀로 있음을 견뎌낼 뿐만 아니라 즐기기까지 하지만, 어떤 사람은 고독을 절망스럽게 받아들인다. 모두가 고독을 느끼지만, 똑같은 방식으로 느끼는 것은 아니다.

여기서 우리는 '홀로 있음aloneness'과 '고독solitude'을 구별할 필요가 있다. 독일어로 고독은 아인잠카이트einsamkeit라고 한다. 카이트-keit는 명사형을 만드는 어미이며, 아인잠einsam에서 아인ein은 하나라는 뜻을 가지고 있으니 완전히 혼자인 상태를 의미한다. 홀로 있으면 고독할 것이라는 통념은 이 낱말에서도 나타난다. 그런데 고독은 홀로 있음과 논리적으로나 경험적으로 아무런 연관 관계가 없다. 홀로 있어도 외롭지 않은 사람이 있고, 많은 사람에게 둘러싸여 있어도 고독을 느끼는 사람이 있다. 친구의 숫자가 많아진다고 고독의 정도가 줄어드는 것은 아니다. 관계를 맺는 사람이 수십 명 또는 수백 명이라고 해서 덜 고독하지도 않으며, 친한 사람이 몇 명 되지 않는다고 해서 반드시 더 고독한 것도 아니다. 중요한 것은 다른 사람과의 관계를 어떻게 느끼고 체험하는가다.

고독은 주관적인 감정이다. 다른 사람과 관계를 맺고 싶은 욕구가 충족되지 않을 때 사회적 고립에 대한 감정의 반응이 바로 고독이다. 관계를 맺으려는 대상이 가족이든 친구든 아니면 동반자든, 우리는 항상 어떤 사람과 친밀한 관계를 맺고 싶은

우리는 다른 사람들과 함께 있을 때는 자신 밖에 있고,
다른 사람들로부터 떨어질 때 비로소 자기 자신과 함께한다.

열망을 갖고 있다. 사람에 대한 그리움이 없는 고독은 존재하지 않는다. 친밀하든 그렇지 않든 사회적 관계가 부족하면 항상 불편과 고통이 따른다. 설령 가까이 있는 사람이 어떤 사람인지 모를지라도 누군가가 가까이 있기를 바라는 것은 인간에게 본성적으로 주어진 사회적 배고픔이다. 우리는 누군가가 시야에 들어오기를 바라고, 누군가의 목소리를 듣고 싶어 한다. 그러므로 고독한지의 여부는 다른 사람과 함께하기를 얼마나 바라는가에 달려 있다. 이런 사회적 관계에 대한 동경과 그리움이 없다면 홀로 있어도 고독하지 않을 수 있다.

고독에서 발견한 것들

우리는 사회적 관계를 삶의 큰 의미로 여기고 동경하면서도 사회적 관계 때문에 고통을 당한다. 홀로 있어도 다른 사람과 함께 있으며, 사람들 속에 있어도 자기 자신을 찾는다. 현대인들이 소중하게 생각하는 자아自我는 엄밀한 의미에서 자기 자신과의 관계다. 자기 자신과 끊임없이 대화를 나누는 자아는 동시에 다른 사람들과 관계를 맺는다. 역설적이지만 고독은 사회적 관계의 산물이다. 우리는 사회를 통해 자신을 발견한다. 그런데 사회의 어떤 구성원으로부터도 인정을 받지 못한다면 그것보다 끔찍한 형벌이 없다. 우리가 누군가와 함께 있는데, 마치 우리가 전혀 존재하지 않는 것처럼 대한다고 생각해보라. 어쩌면 인간에게 가하는 아주 잔인한 폭력일 것이다. 우리는 누군가에게 의미 있는 존재이기를 바란다. 그리고 이런 관계를 통해 자신에게 의미를 부여한다.

강요된 고립만 고독을 야기하는 것은 아니다. 우리는 때때로 스스로 고독을 찾는다. 자신을 찾기 위해 사회적 관계를 금욕하는 것이다. 자발적인 고독은 강요된 고립에 의한 고독과 다르다. 사회관계로부터 완전히 고립된 채 성장한 사람은 자신을 알지 못하고, 고독할 줄 모르는 사람 역시 자기 자신을 발견하지 못한다. 그러나 스스로 선택한 자발적 고립은 우리를 홀로 있게 하는 동시에 자신과 관계를 맺을 수 있는 시간과 공간을 제공한다. 비유해서 표현하자면, 우리는 다른 사람들과 함께 있을 때는 자신 밖에 있고, 다른 사람들로부터 떨어질 때 비로소 자기 자신과 함께한다. 영국의 정신분석학자 앤서니 스토에 따르면 "홀로 있을 수 있는 능력은 자기 발견 그리고 자기실현과 연결된다. 우리는 이 능력을 통해 자신의 깊은 욕구와 감정 그리고 충동을 알게 된다."[4]

어떤 고독은 우리에게 감정적인 고통을 주지만, 어떤 고독은 우리를 되찾게 만든다. 전자가 부정적 고독이라면, 후자는 긍정적 고독이다. 사회적 관계에 대한 욕구가 충족되지 않아서 생긴 고통을 '외로움loneliness'이라고 한다면, 자발적으로 선택한 고립은 '고독solitude'이다. 이 두 가지가 서로 뒤섞여 느껴지기 때문에 고독이라는 감정은 우리를 혼란스럽게 만든다. 부정적 고독인 '외로움'은 종종 우울증과 인간 혐오를 동반한다. 고독이 병이 되는 지점이다. 다른 사람과 관계를 맺는 것은 인간의 본질적인 능력이다. 만성적으로 외로움을 느끼면 사회관계를 맺을 수 있는 능력이 훼손되고, 이는 결국 성격에 상처를 남긴다. 문제는 사회적 고립으로 인한 부정적 고독이 결국은 자신을 통제할 수 있는 능력마저 훼손한다는 것이다.

자신을 찾기 위해 자발적으로, 그리고 일시적으로 사회적 관계를 단절하는 긍정적 고독은 개인의 자유를 보장한다. 긍정적 고독에서 고립은 자립의 토대가 된다. 19세기 독일의 철학자 쇼펜하우어는 사람은 고독할 때만 비로소 자신이 되고 자유로울 수 있다고 주장했다. 따라서 젊은이들에게 중요한 학습은 "고독을 견디는 법을 배우는 것"[5]이다. 고독을 견디는 법은 결국 자기 자신과 사회적 관계의 균형을 잡는 것이다.

고독은 결코 나쁜 것도 아니고 좋은 것도 아니다. 모든 사람은 궁극적으로 홀로 있으며, '홀로 있음'은 모든 인간의 실존 조건이다. 홀로 있음을 외로움으로 만드는 것은 사회적 관계다. 이 관계에 어떤 마음을 갖느냐가 외로움을 만든다면, 외로움은 결국 자기 자신과 어떤 관계를 맺을 것인가의 문제다. 선택의 문제인 것이다. 만일 사회적 관계를 간절히 바라지만 외부의 원인으로 고립을 강요받는다면, 우리는 대부분 외로움과 소외감을 느긴다. 그렇지만 우리가 얼마나 많은 사람과 어느 정도의 관계를 맺을지 스스로 결정한다면, 고독은 결코 부정적인 것이 아니다.

홀로 있음을 피할 수 없다면, 스토아 철학자 에픽테토스가 말하는 것처럼 "고독에 대해 준비해보라."[6] 자신과 교감할 줄 아는 사람이라면 고독해도 외롭지 않다.

4

시선과 자유

셀럽의 시대

모든 것이 다른 모든 것과 연결되고, 모든 사람이 다른 모든 사람과 연결되는 21세기 초연결 사회에서 명성은 자연적 욕망을 넘어 대중적 가치가 된 듯하다. 대중은 '셀럽celebrity'이라 불리는 유명 인사들의 일거수일투족에 관심을 기울이고, 이들은 거꾸로 대중의 정체성에 상당한 영향을 미친다. 내가 누구를 좋아하는지에 따라 내가 누구인지가 결정된다. 셀럽은 연예나 스포츠 분야 따위에서 인지도가 높은 스타만을 의미하지 않는다. 어디를 가나 사람들이 알아보고 따라다니는 사람이 셀럽인 것이다. 익명성이 보장된 공간에서도 사람들이 알아보는 인지도가 셀럽을 결정한다.

사람들은 저마다 유명해지고 싶어 한다. 다른 사람들에게 널리 알려지는 것을 '명성fame'이라고 하는데, 명성은 꼭 대중 스타들만 갈구하는 욕망이 아니다. 우리는 모두 다른 사람의 관심을 끌고, 인정받고, 알려지길 바란다. 다른 사람과 협동하면서 생존할 수밖에 없는 인간이 오랜 진화 과정을 거치며 발전시킨 명성을 얻으려는 욕망은 매우 자연스러운 본능의 하나다. 다른 사람의 관심과 인정, 그리고 적극적인 지원을 끌어내기 위해서는 스스로를 알려야 한다. 인간과 동물의 가장 큰 차이가 '이름을 남기는 것'이라고 하지 않는가. 그렇기 때문에 사회적으로 인지되지 않고 잊힌다는 것은 견디기 힘든 형벌 가운데 하나다.

자신의 삶을 드러내어 성공한 유명 유튜버들은 명성이 경제적 부와 성공을 가져올 수 있음을 잘 보여준다. 모두 널리 알려지기 위해, 유명해지기 위해 열심이다. 자신의 사진을 찍어 사회관계망에 올리고 가능한 한 많은 사람이 '좋아요'를 누르기를 바란다. "나는 생각한다, 고로 나는 존재한다"라는 데카르트의 말이 "나는 셀피를 찍는다, 고로 나는 존재한다"로 변한 것이다.

'셀카'의 영어 표현인 셀피selfie는 결코 나르시시즘의 문제가 아니다. 그것은 왜곡된 자아self의 문제다. 2013년 옥스퍼드 영어사전이 올해의 단어로 선정한 셀피는 현대인들의 중요한 자기표현 방식이다. 셀피는 현대인들이 자아를 어떻게 이해하고 표현하는지를 잘 보여준다. 한 연구에 따르면 2011년부터 2017년까지 6년간 셀피를 찍다 죽은 사람이 259명에 이르며, 이들의 평균 나이는 23세라고 한다.[1] 다가오는 기차 앞이나 높은 곳에서 셀피를 찍는 등, 평범한 사진으로는 다른 사람의 관심을 받기에 부족하니 점점 더 자극적인 사진을 찍으려다 죽음을 맞이한 것이다.

시선에 중독된 사람들

셀피에서 중요한 것은 다른 사람들에게 보이는 자아다. 자신을 객관화해서 스스로 성찰하는 자기의식 대신 타인의 시선만을 중시하는 셀피는 자아를 왜곡한다. 왜 현대인들은 스스로를 드러내고 과시하며, 다른 사람의 삶을 지나치게 주시하는 것일까? 후기 자본주의의 삶을 지배하고 있는 '노출증exhibitionism'과 '관음증voyeurism'은 명성의 문제를 잘 드러낸다. 본래는 공공장소에서 낯선 사람에게 자신의 은밀한 신체 부위를 드러내는 것을 노출증이라고 한다. 이런 점에서 자신의 삶을 다른 사람에게 드러내는 노출증은 결국 나만의 은밀한 프라이버시를 파괴한다. 관음증도 프라이버시를 파괴하기는 마찬가지다. 다른 사람의 친밀한 성적 행위를 엿보는 걸 의미했던 관음증은 프라이버시로 여겨지는 다른 사람의 영역을 침해한다. 이렇게 노출증은 자신의 프라이버시를 파괴하고, 관음증은 타인의 프라이버시를 파괴한다. 프라이버시 없이 진정한 자아는 형성될 수 없다. 그렇다면 유명 인사의 삶을 들여다보면서 욕망을 키우고, 자신을 끊임없이 드러냄으로써 유명해지는 현대인의 삶에서 진정한 자아란 무엇을 의미할까?

명성은 이중적이다. 한편으로는 부와 특권을 부여하고, 만족과 상징적인 불멸을 제공하는 것으로 경험된다. 유명 인사들이 대부분 부유하게 살기 때문에 명성은 물질적인 성공과 동일시된다. 그렇지만 다른 한편으로 "명성은 유명 인사들의 사생활을 빼앗고, 고립시키고, 다른 사람들에 대한 불신을 초래하고, 유혹을 부추긴다. 그리고 명성은 '셀럽 자아'와 '사적 자아'의 성격 분열을 일으킬 수 있다."[2] 셀럽들에게는 사적 공간이 존재하지 않는다. 자신의 명성을 유지하기 위해서는 실제로 사적 공간에서조차 마치 다른 사람들이 보고 있는 것처럼 행동해야 하기 때문이다. 명성에 대한 지나친 집착으로 자아를 분열시키는 것도 문제지만, 명성에 중독된다는 것이 훨씬 커다란 문제다.

명성의 대가

우리는 다른 사람의 시선 없이는 살 수 없다. 우리가 살아가면서 경험하는 첫 번째 시선은 두말할 필요 없이 부모의 시선이다. 어떤 사람은 사랑하는 아버지를 잃었을 때 마치 '자기 삶의 관객'을 잃은 느낌이었다고 말한다. 부모들은 우리가 자라는 모습을 지켜보며 명성이 어떤 것인지를 알려준다. 세상의 모든 부모는 자식들이 걸음을 뗄 때, 방긋이 웃을 때, 무언가에 걸려 넘어질 때도 시선을 놓지 않는다. 자식이 잘하면 칭찬하고, 못하면 꾸짖는다. 이런 어린 시절을 지나온 우리는 누군가가 항상 삶의 사소한 것에까지 관심을 기울인다는 생각에 익숙하다.

우리는 늘 누군가의 시선에 들고 싶어 한다. 특별한 업적과 성취로 타인의 눈에 들어 알려지고 싶어 한다. 그렇지만 타인이 다 부모 같지는 않다. 부모는 좋을 때나 나쁠 때나 변함없이 우리를 응원하는 '충성스러운 팬'이다. 설령 우리가 좋은 결과를 내지 못할지라도 부모는 그 과정을 함께 즐긴다. 끊임없이 관심을 받고 있다는 느낌, 그것이 부모가 우리에게 주는 명성의 매력이다.

그런데 성인이 되어서 추구하는 명성은 단순한 관심 이상의 것이다. 사회적 명성은 자신과 타인의 인정을 받기 위한 싸움, 즉 '인정 투쟁'이다. 명성은 탁월한 재능, 훌륭한 성과, 그리고 치열한 노력을 통해 보상받은 특권이다. 명성을 얻을 자격이 있는 사람들만이 유명해진다. 그렇기 때문에 사회적 명성은 정의와 균형의 대상이 된다.

명성은 자신의 업적으로 얻은 타인의 긍정적인 시선이다. 사람들이 주목하면 주목할수록 우리는 더욱더 철저하게 심사된다. 특정인의 신상 자료를 파헤쳐 무차별적으로 공개하는 '신상털기'라는 무시무시한 말처럼 타인의 시선은 우리를 발가벗긴다. 명성이 높아질수록 사람들이 원하는 방식으로 그들을 충족시켜야 한다는 압력도 커진다. 타인의 시선이 우리를 구속하는 것이다. 사생활이 없어지고, 덜 자유로워진다. 타인의 기대에 부응하기 위해 자신의 욕망을 숨기고 왜곡하는 것은 건강한 성격 형성에 치명적인 악영향을 끼친다. 명성은 이렇게 우리의 인격을 완성하는 대신 우리에게서 무엇인가 본질적인 것을 빼앗아 간다.

그러나 철학자들이 오랫동안 이어온 주장에 의하면 진정한 행복은 명성에 있는 것이 아니라 좋은 성격에 의존한다. 무슨 의미일까? 시대착오적인 말로 들릴지 모르지만, 불행한 사람들은 대부분 진정으로 가치 있는 것을 혼동한다. 그들은 혼동 때문에 자신을 행복하게 하는 것보다는 오히려 비참하게 만드는 것을 좇는다. 그중 하나가 바로 명성이다. 모두가 다른 사람의 인정과 찬양을 바라지만, 명성에는 항상 대가가 따른다. 우리가 명성을 위해 치러야 하는 대가는 종종 그것이 가져다줄 이익을 능가한다.

스토아 철학자 에픽테토스가 명성에 관한 흥미로운 얘기를 들려준다. 만약 우리의 목표가 사회적 서클에서 유명해지는 것이라면, 우리는 이미 유명한 사람들과 어울려야 한다. 유명한 사람들과의 교제가 우리를 유명하게 만들어줄 것이라는 믿음에서다. 유명한 사람이 여는 파티에 초청받는 데 실패하면 아마 명성을 얻을 기회를 상실한 것에 상심할 것이다. 여기서 에픽테토스는 명성의 대가를 언급한다.

> 누군가의 만찬에 초대받지 못했는가? 그것은 만찬 초대자에게 그 만찬에 대한 대가를 치르지 않았기 때문이다. 만약 그 만찬의 대가가 아첨이라면, 초대받은 자는 아첨이라는 대가를 치르고 그것을 산 것이다. 그러니 내게 이익이 된다면 그 대가를 치러야 한다. 그런데 대가를 치르지도 않고 이러한 것을 얻길 바란다면, 그것은 멍청하며 욕심꾸러기 같은 심보다.[3]

유명해지고 싶으면 명성의 대가를 생각해야 한다. 명성을 원한다면 자기가 하고 싶은 일을 하는 대신 다른 사람이 원하는 것을 해야 한다.

> 네 권한에 속하지 않는 것들을 얻기 위해 다른 사람과 똑같은 행동을 하지 않으면서 다른 사람과 똑같은 영예를 누릴 수는 없다는 것을 명심하라. 높은 사람의 문지방을 계속 들락거리면서 굽실거리지 않고서, 아첨하는 소리를 늘어놓지

않고서 어떻게 그렇게 하는 사람과 똑같은 반대급부를 기대할 수 있겠는가.[4]

다른 사람의 비위를 맞추지 않고서 명성을 얻을 수는 없다. 사회적 지위와 명성에 무관심하다면, 그것만큼 좋은 일도 없다. 다른 사람에게 알랑거릴 필요가 없을뿐더러, 만찬에 초대받지 않아도 속상하지 않을 것이다.

시선으로부터의 자유

스토아 철학자들은 자유를 소중하게 생각했다. 자유는 타인에게 의존하지 않기 때문이다. 타인의 시선과 인정을 소중하게 생각하지만 그것에 연연하지 않는다는 것이다. 만약 나에게 영향을 미칠 수 있는 권력을 다른 사람에게 주고 싶지 않다면, 우리는 어느 정도 타인의 시선과 인정에 거리를 둬야 한다. 사회적 명성을 추구한다는 것은 다른 사람이 나에게 영향력을 행사하도록 하는 것과 다를 바 없다. 다른 사람이 나를 어떻게 보고, 어떻게 생각하는가는 나의 권한 밖의 일이다. 다른 사람의 뜻에 따라 움직이는 것은 스스로를 노예로 만드는 것이다.

자유로운 삶을 원한다면 다른 사람의 권한에 속하는 것은 그 무엇도 얻거나 버리려 들지 마라. 그러지 않으면 속박된

삶을 면치 못할 것이다.[5]

에픽테토스의 이 말처럼 자유를 원하면 다른 사람의 시선으로부터 벗어날 줄 알아야 한다. 다른 사람이 나에 대해 어떤 생각을 갖고 있는지 관심을 갖지 말아야 한다. 어떤 사람들은 무슨 일을 할 때마다 자신의 일을 자랑하고 다른 사람의 인정을 받고자 한다. 또 어떤 사람들은 다른 사람의 의견에는 신경 쓰지 않는다고 떠벌린다. 명성에 대한 욕망이 없다니 좋겠지만, 그것을 자랑하는 것도 좋지 않다.

> 물을 마실 때마다 물을 마시노라고 떠벌리지 마라. 인내력을 기르려 한다면 다른 사람들의 이목을 위해 하지 말고 자신을 위해 하라. 남에게 인정받는 것을 탐하지 마라.[6]

명성은 다른 사람들의 생각과 판단에서 온다. 명성을 추구하지 않는다는 것은 우리 권한 밖의 일에는 관심을 두지 않고 우리가 할 수 있는 것에 집중한다는 뜻이다. 우리는 더 나은 인간이 되기 위해 무엇을 해야 하는가? 내가 소중하게 생각하는 것을 실천하는 일이 중요하다. 이에 로마의 황제 철학자 마르쿠스 아우렐리우스는 다른 사람을 위해서보다는 자신이 할 수 있는 일을 위해 시간을 보내는 것이 낫다고 다음과 같이 말한다.

누군가가 나를 비웃는가? 그것은 그의 문제다. 내가 비웃음을 살 만한 말이나 행동을 하지 않았으면 그만이다. 누군가가 나를 미워하는가? 그것도 역시 그의 문제다. 나는 모든 사람을 온화하고 침착하게 대하고 잘못된 생각을 일깨워주면 그만이다.[7]

여기서 한 가지 의문을 제기할 수 있다. 명성에 대한 인간의 원초적인 욕망이 인류 문명을 발전시킨 것은 아닌가? 지금은 아주 유명한 사람도 생전에는 별로 알려지지 않았던 경우가 많다. 빈센트 반 고흐가 살아 있을 때 자신의 그림을 많이 팔 수 있었으면 얼마나 좋았겠는가. 요한 세바스찬 바흐의 작품들은 우연히 발견되지 않았다면 오늘날처럼 명성을 누리지 못했을 것이다. 프리드리히 니체는 책을 쓸 때마다 출판인을 찾기가 어려웠다. 그들이 당대에 정당하게 평가받지 못한 것은 부당하지만, 오늘날 누리고 있는 불멸의 명성이 그에 대한 보상이라고 생각한다. 그런데 과연 그들이 이름을 남기기 위해, 다시 말해 사후의 명성을 위해 평생 노력했을까? 그들은 당대의 불인정을 가끔 한탄했을지라도 사실 자신들이 좋아하는 것을 위해 노력했을 뿐이다. 명성을 생각하지 않는 것이 어쩌면 명성을 얻는 좋은 방법일지 모른다. 마르쿠스 아우렐리우스는 나와 타인의 시선 사이에서 어떻게 균형을 이룰지는 나의 생각에 달려 있다고 말한다.

결국 영원히 기억되는 것은 아무것도 없다. 그러면 무엇을 위해 살아야 하는가? 정의로운 생각을 갖고, 올바르게 행동하며, 진실되게 말하고, 무슨 일이 일어나든지 그대를 태어나게 했던 근원의 샘에서 흘러나오는 그대에게 익숙하고 꼭 필요한 것으로 여겨 반갑게 맞이하라.[8]

5

풍요와 빈곤

돈으로 살 수 있는 것들

부자가 되고 싶지 않은 사람도 있을까? 부와 재산은 인류의 진화 과정에서 자연스럽게 형성된 가장 기본적인 욕망이다. "부자가 하느님 나라에 들어가는 것보다는 낙타가 바늘귀로 빠져나가는 것이 더 쉬울 것이다"[1]라는 예수의 말씀은 역설적으로 인간의 부에 대한 욕망이 보편적임을 말해준다. 생존 자체가 문제였던 시대에는 다음 해를 위해 식량을 보존하는 것이 무엇보다 중요했다. 인간은 의·식·주 같은 물질적인 수단 없이 생존할 수 없기 때문이다. 이러한 생존의 욕구는 오랜 세월을 거치면서

'더 많이 가지고자 하는' 욕망을 자연스럽게 발전시켰다.

생존에 필요한 것 이상으로 많이 가질 때 비로소 우리는 부_富를 말한다. 집 면^宀 자와 가득할 복_畐 자가 결합한 '부'는 집 안에 재물이 가득한 상태를 뜻한다. 먹거리가 귀했던 시절에 집안의 항아리에 곡식과 술이 가득하다면 마음이 얼마나 든든했겠는가. 물질적 수단이 생존을 위해 바로 소비되는 것이 아니라 미래를 위해 저장되고 비축될 때 비로소 부와 재산이 형성된다.

부는 자본주의사회의 가장 기본적인 가치다. 모든 것이 돈으로 환산되고 유통되는 사회에서 돈으로 살 수 없는 것이 있을까? 그렇다면 행복도 돈으로 살 수 있을까? 여기서 사람들의 의견은 갈리고, 우리의 마음이 흔들린다. 행복을 논하는 것이 사치일 정도로 생존이 급선무인 이들은 '그렇다'고 답할 것이다. "인심은 곳간에서 나온다"고 하지 않는가. "부자인데 착한 게 아니고, 부자라서 착한 거야"라는 영화 《기생충》의 대사처럼, 돈 많은 사람들이 실제로 기부도 많이 한다. 돈만 있다면 사회는 고난과 고통의 장소가 아니라 쾌락과 즐거움의 장소가 된다. 돈으로 행복을 살 수 있다는 생각을 지우기 힘들다.

교과서 같은 말이지만, 이 세상에는 돈으로 살 수 없는 것들이 많다. 돈이 많다면 일등석을 타고 해외여행을 떠날 수 있지만, 여행을 가능하게 하는 이동의 자유를 돈으로 살 수 있는 것은 아니다. 호화로운 주택은 돈으로 살 수 있지만, 이웃과의 사랑과 친구 관계를 돈으로 살 수는 없다. 마이클 샌델은《돈으로 살 수 없는 것들》이란 저서에서 모든 것을 상품화하는 자본주의가 정작 우리 삶의 중요한 가치를 파괴하고 있다고 고발한다.[2] 돈으로 살 수 없는 것의 목록이 돈으로 살 수 있는 것의 목록보다 짧다는 것이 문제이기는 하지만, 한 가지는 분명한 것처럼 보인다. 돈으로 살 수 없는 것은 우리의 삶을 풍요롭게 만들 수 있는 가치와 관련이 있다는 점이다.

돈과 행복의 관계

살기 위해 돈이 필요하지만 돈만으로 행복해지지는 않는다는 사실은 분명 피할 수 없는 삶의 딜레마다. 그렇다면 물질적 부는 여유로운 삶의 조건인가, 아니면 삶을 부패시키는 독인가? 이 물음에 대한 답은 생존을 넘어선 삶의 여유에 달려 있다. 무엇이 진정한 자유와 행복을 가져오는 여유인가? 우리가 여유를 통해 실현하고자 하는 가치의 문제를 생각하지 않는다면, 우리는 꼬리를 무는 질문의 덫에서 헤어나지 못한다. 돈으로 행복을 살 수 있는가? 행복하기 위해서는 어느 정도 부유해야 하는가? 행복이란 도대체 무엇인가?

이런 연쇄적인 질문에 대한 답을 찾는 것이 너무도 어려워서 사람들은 아무런 생각 없이 돈 버는 일에 매달린다. 문제는 돈은 많이 가지면 가질수록 그 가치가 떨어진다는 점이다. 돈과 행복의 관계를 연구한 학자들에 의하면, 어느 수준까지는 소득과 행복이 비례해서 증가하지만, 일정 수준을 넘어서면 부가 행복에 아무런 영향을 미치지 않는다고 한다. 노벨 경제학상을 수상한 행동경제학자 대니얼 카너먼과 앵거스 디턴의 연구에 따르면, 연봉 7만 5000달러를 넘어서면 행복에 대한 소득의 영향이 크지 않다.[3] 소득이 높고 돈이 많으면 자신의 삶을 높이 평가하는 경향이 있지만, 우리가 매일매일 경험하는 기쁨과 슬픔, 분노, 열광 같은 정서적인 행복에는 영향을 미치지 않는다. 간단히 말해 돈이 많다고 반드시 행복한 것은 아니다.

물질적인 부가 행복을 얻을 수 있는 수단이기는 하지만, 행복 자체는 물질적인 것이 아니다. 행복을 삶의 목적으로 설정한 철학자들도 이 점을 강조한다. 스토아 철학자 세네카는 세상의 부를 감당하기에는 우리 몸이 얼마나 작은지를 상기시킨다.

그렇게 적게 가질 수밖에 없음에도 그렇게 많은 것을 욕망하는 것은 미친 짓이고 무모하기 짝이 없는 바보짓이 아닌가?[4]

생활에 필요한 최소 비용인 최저 생계비를 아무리 높이 설정해도, 우리가 살아가는 데 필요한 물질은 사실 그렇게 많지 않다. 그럼에도 사람들은 만족하지 못하고 계속 '더 많이' 갖기를 원한다. 이에 세네카는 "마음의 상태가 아니라 돈의 양이 중요하다고 생각하는 것"[5]은 지극히 어리석다고 말한다.

결국 우리는 다시 마음의 상태라는 주제로 돌아온다. 행복의 관건은 재정 상태가 아니라 마음 상태다. 돈이 많은 사람은 돈이 많은 대로 걱정도 많다. 부와 재산이 우리의 고민, 고통, 슬픔을 줄여주는 것은 아니다. 돈으로 노화와 죽음을 막을 수도 없다. 부가 다양한 쾌락과 편의를 제공하는 것은 사실이지만, 진정한 만족을 가져오지는 않는다. 에픽테토스는 오히려 "풍요 속에서 화난 채로 사는 것보다는 굶어도 고통과 공포가 사라진 상태에서 죽는 것이 낫다"[6]고 주장한다. 부유하지만 늘 불행한 것보다는 가난하지만 행복한 것이 더 좋다는 뜻이다.

부와 재산이 행복을 가져오지 않는다고 해서 가난이 행복은 아니다. 여기서 우리는 이렇게 물어야 한다. 에픽테토스가 말한 것처럼 '고통과 공포로부터 해방된 빈곤'이 가능한가? 가난하지만 고통스럽지 않은 빈곤이 있을 수 있는가? 물론 빈곤이 생존과 생계를 어렵게 만드는 절대적 빈곤이어서는 곤란하다. 필요한 것보다 더 많이 갖지 않는 것이 빈곤이다. 현대인의 병인 비만이 필요한 것보다 더 많이 먹어서 생긴다면, 필요한 것을 훨씬 초과하는 부는 우리 삶을 병들게 한다. 그래서 에픽테토스는 부를 필요로 하지 않는 것이 부 자체보다 훨씬 더 가치 있다고 주장한다.[7] 필요 이상의 쓸데없는 부를 탐하지 않는 것이 마음의 평정을 유지하고 행복에 이를 수 있는 길이다.

삶의 목적과 수단

아무리 우리가 '돈이 많다고 행복한 것은 아니야'라고 생각해도 생활 태도를 바꾸기는 쉽지 않다. 가난하다고 행복한 것도 아니고 돈이 많다고 행복한 것도 아니라면, 돈이 있는 편이 낫기 때문이다. 문제는 돈과 부가 사람을 도덕적으로 부패시키고 삶을 비참하게 만든다는 데 있다. 부와 재산은 삶의 수단이다. 수단을 목적으로 만들어 돈을 벌기 위해 일하고, 돈을 벌기 위해 산다면 결국 삶의 궁극적인 목적을 상실하게 된다. 목적과 수단의 관계가 뒤바뀌면, 삶에 따르는 수많은 고난과 고통에도 우리가 지켜야 할 가치가 무의미해진다. 스토아 철학은 이 점에 주목한다. 무소니우스가 들려주는 일화가 많은 것을 말해준다.

무소니우스는 스스로를 철학자라고 사칭하는 사기꾼에게 상당량의 돈을 주었다. 몇몇 사람이 아무짝에도 쓸모없는 이 사람은 정말 정직하지 않은 나쁜 사람이라고 말하자, 무소니우스는 웃으면서 이렇게 말했다. '그렇다면 그는 돈을 받을 만한 자격이 있습니다.'[8]

많은 사람이 돈을 편리하고 사치스러운 삶을 위해 사용한다.

하지만 고급 주택에서 좋은 음식을 먹고 최고의 차를 타는 것이 도덕적으로 악한 것인가? 근검절약이 미덕이었던 전통 사회와 달리 현대사회에서는 소비를 장려한다. 우리는 꼭 물질적으로 잘사는 것을 비난할 필요는 없다. 문제는 잘사는 것이 반드시 '좋은 삶'은 아니라는 점이다. 좋은 삶이라는 낱말에 지나치게 도덕적 의미를 부여하지 않는 사람도 그것이 단순한 쾌락보다는 삶의 의미와 관련이 있다는 사실은 인정한다.

부가 지나치면 세 가지 관점에서 삶의 의미를 파괴한다. 첫째, 지나친 부는 수단을 절대화해 삶의 목적을 무의미하게 만든다. 물론 돈이 많으면 할 수 있는 것이 많다. 효율적 이타주의를 주창한 철학자 피터 싱어는 다른 사람들을 돕기 위해 월스트리트에서 많은 돈을 버는 것은 나쁜 일이 아니라고 말한다. 열심히 일해서 번 돈을 좋은 사회를 위해 사용할 수도 있다.

예일대학과 케임브리지대학의 연구 조사는 부와 행복 사이에 긍정적인 관계가 있을 수 있다는 점을 보여주면서, 단 돈을 얼마나 많이 버느냐보다는 돈을 어떻게 올바로 쓰느냐가 행복과 밀접한 관계가 있다고 밝힌다.[9] 소득과 소비의 총량보다는 자신의 성향에 맞는 상품에 얼마나 많은 돈을 소비하는가가 삶의 만족도를 결정한다는 것이다. 예컨대 외향적인 성격을 가진 사람이 내향적인 사람보다 외식에 더 많은 돈을 소비하는데, 이들은 식당에서 식사를 할수록 더 많은 행복감을 느낀다. 간단히 말하면 자신이 좋아하는 것에 돈을 쓸 수 있는 능력이 결국 삶의 만족도를 증가시키는 것이다. 돈을 무조건 벌 것이 아니라 돈을 사용할 목적이 있어야 행복해진다.

둘째, 부와 사치스러운 삶에 익숙한 사람들은 쉽게 만족하지 않는다. 좋은 것만 가지면 좋을 것 같지만, 현실은 정반대다. 사실 나쁜 것이 있어야 무엇이 좋은지 알게 된다. 매일 좋은 음식만 먹는 사람들은 무엇이 좋은 음식인지 모르고 권태에 빠진다. 쾌락을 위한 쾌락도 우리를 중독시킨다. 인간이 느끼는 최고의 쾌락이라고 할 수 있는 오르가슴이 순간적인 쾌감일 뿐 영원히 지속될 수 없듯이 자연적 욕구는 충족되는 순간 사라지지만, 인위적 욕구는 충족되어도 또 다른 욕구를 만들어낸다. 이렇게 우리는 욕구의 노예가 된다.

셋째, 호화롭고 사치스러운 삶에 익숙한 사람들은 단순한 사물에서 기쁨을 느낄 수 있는 능력을 잃어버린다. 우리의 삶은 일상적으로 반복되는 작은 일들로 구성되어 있다. 흘러가는 삶에 자신을 맡기다 보면 우리를 둘러싸고 있는 작지만 가까운 사물들에 관심을 기울이지 못한다. 현대인들은 일하느라 바빠서 계절의 변화를 느끼지도 못한다고 종종 불평한다. 봄, 여름, 가을, 겨울의 차이를 알지 못하고 그저 일만 하는 것이다.

우리가 행복하기 위해 얼마나 많은 돈이 필요한가는 결국 개인이 결정할 문제다. 중요한 것은 우리가 좋은 삶을 위해 생존하는 것이지 생존만을 위해 사는 것은 아니라는 사실이다. 생존은 동물도 한다. 인간만이 단순한 생존을 넘어 좋은 삶, 아름다운 삶을 꿈꾼다. 그러므로 저마다 무엇이 좋은 삶인지, 무엇이 삶을 아름답게 만드는지 스스로 생각해야 한다. 여기서 부자의 의미를 되새기면, 재물과 관계없이 마음이 넉넉한 사람이 부자다. 생존하는 데 신경 쓰지 않을 정도로 재물이 넉넉하다는 뜻이다. 핵심은 여유다. 삶을 생각할 여유가 있는 사람이 진정으로 부유한 사람이다. 물질적인 부에만 길들여진 우리에게 생각할 여유를 갖기 위해 필요한 것은 자발적인 가난이다. 건강을 위해 간헐적 단식을 하는 것처럼, 정신적인 여유를 위해 자발적 빈곤이라는 물질적 다이어트 처방을 하는 것도 하나의 방법이다. 몸이 가벼워야 마음이 풍요로워진다.

4
부

자기 창조의 방법

○   니체는 말한다.
불행 속에서 영혼의 긴장이
영혼의 힘을 길러준다고.
삶의 예술은 실패와 불행과 고통에 대처하는 기술이자
위대한 자기 창조의 과정이다.

1

나만의 중심 잡기, 마음 챙김

무인도에 가져갈 것

우리에게 가장 필요한 것이 무엇인가를 알아내기 위해 우리는 종종 무인도 놀이를 한다. '만약에 무인도에 가게 된다면 무엇을 가져가시겠습니까?' 라이터나 칼처럼 생존을 위한 일차원적 수단을 이야기하는 사람도 있지만, 어떤 이는 셰익스피어 전집을 가져가겠다고 하고, 누군가는 바흐의 음악이 있었으면 좋겠다고 말한다. 생존에 필요한 것을 넘어서는 무엇! 사람들은 그것이 무엇인지 알지 못한 채, 또 알려고도 하지 않으면서 하루하루를 반복적으로 살아간다. 그러다 갑자기 무인도 질문을 받으면 곤혹을 느끼며 비로소 생각한다. 나에게 중요한 것은 무엇인가? 나에게 가장 의미 있는 것은 무엇인가?

지금 우리는 의미를 상실했을 뿐만 아니라 의미가 왜 중요한지조차 묻지 않는 '의미의 의미'가 실종된 시대에 삶의 균형을 논하는 것이다. 우리는 생각하지 않는 시대에 살고 있다. 아니, 생각하지 못하게 하는 시대에 살고 있다고 말하는 편이 더 정확할 것이다. 니체가 예리하게 말한 것처럼 '행복'을 발명했다고 좋아하는 현대인들은 아무런 생각 없이 사는 것이 최고로 행복한 삶인 것처럼 생각한다. 걱정할 것도 없고, 생각할 것도 없는 삶은 도대체 어떤 것일까? 그들은 '나는 왜 사는가?'라는 질문을 냉소한다. 삶의 의미에 관한 질문을 아무리 던져본들 고단한 삶이 변화하지 않을 것이라는 사실을 알고 있기 때문이다.

영혼 없는 시대의 행복한 사람들

행복한 현대인들은 달이 보이지 않는 아파트, 높은 주상복합 건물과 쇼핑몰에서 생활하며 하늘을 향해 달린다. 모든 것이 체계적으로 정돈되고 위생적으로 관리되어 깨끗하다. 그들은 정수된 물과 정화된 공기를 마시고, 그 어떤 것에도 오염되지 않은 무균의 공간에서 살아간다. 온갖 향료가 뒤섞인 조리 과정에서 나는 냄새를 맡지 않고도 간편하게 좋은 음식을 먹을 수 있고, 불결한 냄새와 더러운 환경으로부터 차단된다.

흔히 대상 또는 환경과 진정한 의미에서 교류하지 못할 때 영혼이 없다고 말한다. '영혼'을 뜻하는 그리스어 프시케psykhe는 '숨을 쉬다'라는 뜻의 동사 프시케인psychein에서 유래했다. 즉 영혼은 세계와의 소통을 의미한다.

나는 전적으로 몸이며, 그 밖의 아무것도 아니다. 그리고 영혼은 몸에 속하는 그 어떤 것을 표현하는 말에 불과하다.

니체의 이 말은 몸의 소통 없이는 영혼이 있을 수 없다는 것을 의미한다. 고통스러운 과정 없이 좋은 결과만을 즐기려는 현대인들은 마치 몸이 없는 영혼의 세계를 꿈꾸는 것처럼 보이는데, 역설적으로 그들에겐 영혼이 없는 몸의 세계만 주어질 뿐이다. 그들이 치러야 하는 대가는 분명하다. 아무런 질문이나 생각 없이 최고의 성과를 내기 위해 자본주의의 논리에 순종하기만 하면 된다. 과연 현대인들이 꿈꾸는 행복한 삶이 '영혼 없는 삶'인가?

현대인들이 물질적 행복을 직접 추구하면 행복이 실현되는 대신 정신적으로는 오히려 황폐해진다는 행복의 역설은 우리에게 다시 한 번 무인도 질문을 던진다. 우리가 삶에 만족하고 행복감을 느끼는 데 가장 도움이 되는 것을 한 가지만 고르라면, 당신은 무엇을 선택하겠는가?

지금까지 균형을 강조한 것은 우리의 삶이 항상 서로 다른 방향으로 움직이는 극단의 논리에 영향을 받는다는 사실 때문이었다. 불행 없는 행복은 존재하지 않는다. 고통 없는 만족은 또 다른 고통을 낳을 뿐이다. 모든 것이 통제되어 깨끗하기만 한 '영혼이 없는 도시'처럼, 모든 것이 관리되어 아무런 걱정도 없고 생각할 필요도 없는 삶은 '영혼이 없는 삶'이다.

마음 챙김, 살아 있음을 자각하다

생각 없는 삶을 살 것인가, 아니면 생각하는 삶을 살 것인가? '생각'은 스스로를 생생하게 깨닫는 생각生覺이다. 지금까지 모든 철학이 강조했지만 그중에서도 스토아 철학은 우리가 행복하기 위해 가장 필요한 것은 생각이라고 말한다. 그리고 생각이 일어나게 하거나 생각을 느낄 수 있도록 하는 것이 '마음'이라면, 우리가 살아가는 데 가장 중요한 것은 바로 마음이다. 무인도로 가져가야 하는 한 가지는 마음인 것이다. 마음만 제대로 챙긴다면 무인도에서도 행복하게 살 수 있다.

고대 그리스어로 프시케, 영어로 마인드mind, 독일어로 가이스트Geist로 불리는 것이 바로 마음이다. 이들이 각각 영혼, 마음, 정신으로 불리든 어떻든 중요한 것은 우리가 생각할 때 스스로 우리의 생각을 주의 깊게 관찰한다는 것이다. 오늘날 정신 없이 돌아가는 현대사회에서 새로운 윤리와 삶의 방식으로 각

광받는 '마음 챙김Mindfullness'은 불교의 명상 전통으로 돌아가 생각의 힘이 균형 있는 삶을 이룰 수 있다는 것을 일깨운다. 마인드풀니스는 팔리어 '사티sati'에서 유래한 번역어인데, '사티'는 본래 '기억'을 뜻하지만 명상에 관해 사용할 때는 '생각이 일어날 때 자신의 생각을 주의 깊게 지켜보는 것'을 의미한다. 모든 것이 이렇게 마음에 달려 있다면, 우리 마음에 주의를 기울이면 삶의 균형을 잡을 수 있지 않을까.

마음과 관련해서도 두 극단이 있다. 하나는 아무런 생각 없이 살아가는 '마음 놓침mindlessness'이고, 다른 하나는 완전히 의식적인 '마음 챙김'이다. 물론 우리는 완전히 마음 없이 살아가지도 않고, 언제나 마음을 의식하면서 살아가지도 않는다.

인지과학과 뇌과학의 발달로 마음을 과학적으로 설명하려는 노력이 이어지고 있지만 마음은 여전히 신비스러운 작용이다. 마음을 너무 집중하면 번민이 생기지만, 마음을 놓치면 의미를 상실한다. 그런가 하면 근심 걱정 없이 안심하는 상태를 '마음 놓는다'고 말한다. 아침에 일어나서 커피를 끓이고, 대중교통을 이용해 회사에 나가고, 동료들과 함께 익숙한 업무를 보는 일에 마음을 졸이는 사람은 없다. 그러나 처음 만났지만 마음이 가는 사람과 함께 마실 커피를 내리고, 늘 다니던 길이지만 그 사람과 함께 걸어가는 일에는 마음이 쓰이게 마련이다. 오랫동안 반복적으로 수행해서 너무나 익숙한 활동에는 마음을 두지 않고, 새로운 일과 현상에는 마음을 집중하는 것이다.

하버드대학교의 심리학과 교수인 엘렌 랭어는 《마음 챙김》에서 마음의 양극단을 매우 설득력 있게 설명한다. 마음 놓침은 생각할 때 일어나는 활동이 너무나 당연해서 아무런 의미를 부여하지 않는 것을 뜻한다. 우리는 습관적으로 똑같은 관점에서 자동으로 수행하는 일에 마음을 두지 않는다. 이 경우 우리는 마음을 관찰하지 않는다. 랭어는 자신의 마음을 세심하게 관찰하지 않는 세 가지 상태를 제시한다. '과거에 만들어진 특정한 범주에 갇힌 상태', '자동적으로 행하는 습관 행위', 그리고 '한 가지 관점에서만 비롯된 좁은 시야'가 그것이다.'

우리는 개념과 범주로 세계를 이해하고 평가한다. 예를 들어 남성과 여성도 범주고, 남성적이라는 것과 여성적이라는 것도 범주다. 남성은 바깥일을 하고 여성은 집안일을 한다는 것은 과거 특정 사회에서 만들어진 범주다. 오랜 시간이 지나면 이러한 범주는 마치 당연한 것처럼 받아들여진다. 아무도 이상하다고 생각하지 않고, 젠더의 문화적 특성에 대해 아무런 의문도 제기하지 않는다. 그러나 시대가 바뀌어 사회가 변했는데도 여전히 과거의 경직된 세계와 범주에 갇혀 있다면, 이는 마음을 놓친 것이다.

우리가 특정한 범주에 따라 지속적으로 행동하면, 그것은 습관이 된다. 습관은 묻지도 않고 거의 자동으로 행동하는 것이다.

습관의 힘은 무섭다. 퇴직할 때까지 거의 30년 동안 아침 6시면 일어나서 출근 준비를 하던 사람은 퇴직 후에도 6시면 일어난다. 이제는 자신이 식사를 준비할 수 있는데도 당연히 부인이 아침을 차려줄 것이라고 생각하면서. 이때부터 갈등이 시작될 뿐만 아니라 마음 둘 곳이 없어 안절부절못한다. 이처럼 오랫동안 반복해온 행동을 계속하려는 경향에는 근본적으로 마음 놓침의 위험이 들어 있다.

세상이 바뀌면 마음도 바뀐다

마음에 주의를 기울이지 않는다는 것은 마치 삶에 한 가지 방법 말고는 다른 방법이 없는 것처럼 행동한다는 뜻이다. 평생 일만 하던 사람은 일하지 않으면 사는 게 아닌 것처럼 생각한다. 삶의 시야가 대단히 제한되어 있는 것이다. 영국의 소설가이자 물리화학자인 찰리 퍼시 스노가 '두 문화'라는 개념으로 인문-사회과학계와 자연과학-공학계 간의 상호 무지와 반목을 언급한 것도 같은 맥락이다. 그는 과학자들은 과학적인 방법으로 이루어지는 것만이 학문이라고 생각하고, 문학적 지식인들은 이런 과학자들에게 상상력이 결여되었다고 비판한다. 이런 상호 몰이해는 상대방에 대한 왜곡된 이미지를 낳고, 심지어 정서적인 차원에서 비방과 혐오를 일으킨다. 이처럼 단일한 관점에서 비롯된 좁은 시야는 넓은 세상과 삶의 포괄적인 의미를 깨달을 수 있는 마음을 놓친다.

　마음 놓침은 자신의 마음에 갇혀 세상을 보지 못하는 것이고, 반대로 마음 챙김은 삶과 세계에 마음을 열어놓는 것이다. 우리 삶은 우리 마음이 만드는 것이다. 모든 것은 자신에게 달려 있다는 황제이자 스토아 철학자 마르쿠스 아우렐리우스의 말이 마음 챙김의 핵심이다. 아우렐리우스는 "자신의 마음이 하는 일을 모르면 불행해질 수밖에 없다"[2]고 경고한다. 우리가 생각할 때 일어나는 마음을 지켜봐야 한다. 엘렌 랭어는 마음 챙김의 특징을 세 가지로 서술한다. '새로운 범주를 창조하는 것', '새로운 정보에 대한 열린 태도', 그리고 '하나 이상의 여러 관점이 있음을 인식하는 것'이다.[3]

　세상이 바뀌면 마음도 바뀌어야 한다. 마음이 바뀐다는 것은 세상을 바라볼 수 있는 새로운 관점과 범주를 갖는다는 것이다. 그렇다면 우리는 어떻게 열린 마음을 가질 수 있는가? 우리 마음의 작용을 알려면 현재의 생각에 집중해야 한다. 마음에 주의를 기울이겠다는 의도가 있어야 하고, 과거와 미래가 아닌 현재의 순간에 주의해야 하며, 주의를 기울이되 판단하지 말아야 한다.[4] 이런 과정을 거쳐야만 우리는 과거의 범주, 자동적 습관, 좁은 시야에서 벗어나 열린 마음을 가질 수 있다.

　마음을 다잡고 삶의 균형을 이루려면 때로는 일상의 틀에서 벗어날 필요가 있다. 사람들은 전원이나 바닷가, 산속에서 보내는 완벽한 휴가 여행을 꿈꾼다. 이런 꿈은 아우렐리우스가 살았던 시대나 지금이나 마찬가지였나 보다. 아우렐리우스는 이런 어리석은 꿈은 꾸지 말라고 경고하면서 "언제라도 원하면 그대 자신 안에서 완벽한 휴양지를 발견할 수 있다"고 말한다. 우리가 마음 놓고 세상을 관찰할 수 있는 진정한 휴식처는 바로 우리 마음이다. 마음을 다잡기 위해선 마르쿠스 아우렐리우스의 권유처럼 때로는 여행을 떠나는 것도 좋다. 자신의 마음속으로.

그러니 잠깐씩 그대 자신 속으로 여행을 떠나도록 하라. 걱정하거나 불안해하지 말고 자유로워져라. 한 남자로, 한 인간으로, 한 시민으로, 유한한 생명을 가진 피조물로 세상을 관조하라.[5]

2

행복의 조건에 관한 성찰

작지만 확실한 행복

우리는 저마다 행복을 추구하지만, 행복의 실체를 규명하는 것이 쉽지는 않다. 그런 까닭에 행복은 일차적으로 행복한 감정으로 이해되곤 한다. 행복은 행복한 감정이다. 얼굴에 따뜻한 미소가 살며시 번지는 느낌을 싫어하는 사람은 없다. 거대한 의미에 대한 신뢰를 상실한 오늘날의 포스트모던 시대에 이러한 경향은 점점 더 강해진다. 인생의 목표처럼 크지만 성취가 불확실한 행복을 추구하기보다는 일상의 작지만 성취하기 쉬운 소소한 행복을 추구하는 '소확행'의 경향은 의미보다는 감정, 과정보다는 상태를 선호한다.

일본의 소설가 무라카미 하루키가 에세이 〈랑겔한스섬의 오후〉(1986)에서 처음 쓴 '소소하지만 확실한 행복'이라는 말은 갓 구운 빵을 손으로 찢어 먹을 때, 서랍 안에 반듯하게 정리되어 있는 속옷을 볼 때, 자신이 좋아하는 카페에서 커피를 마실 때 느끼는 작지만 확실한 행복을 뜻한다. 이러한 일상의 작은 쾌락이 모이면 반복되는 일에 대한 고통을 능가한다는 점에서 행복한 감정을 보장한다. 공리주의를 창시한 18세기 영국의 철학자 제레미 벤담에 따르면, 인간은 근본적으로 쾌락과 행복을 추구한다.

> 자연은 인류를 쾌락과 고통이라는 두 군주의 지배하에 두었다. 우리가 무엇을 해야 할 것인지를 제시하고 결정하는 것은 바로 이 두 가지 기준이다.[1]

최대 다수의 최대 행복을 강조한 공리주의적 세계관에서는 우리의 행위를 지배하는 두 원리인 '고통'과 '쾌락' 중에 쾌락이 고통의 양보다 크면 행복한 감정이 산출된다고 본다. 현대인들은 이렇게 행복한 순간에 집착하며, 쾌락의 감정이 오랫동안 지속되길 바란다.

그렇지만 우리의 삶은 수많은 순간의 연속. 우리가 겪는 수많은 순간을 어떻게 엮는가가 결국 삶의 모습을 결정한다. 우리

가 과연 행복한 삶을 살았는가라는 질문에 답하려면 삶 전체를
보아야 한다. 그런데 전체 삶을 돌이켜보면 고통과 쾌락을 도식
적으로 계산하기가 쉽지 않다는 것을 알 수 있다. 게다가 살다
보면 누구나 한번쯤 불행을 겪을 수밖에 없는데, 그 불행은 행
복보다 우리 삶에 더 큰 영향을 미친다. 만약 불행이 피할 수 없
는 것이라면, 우리는 불행을 올바로 대해야 한다. 우리가 행복할
수 있는 방식으로 불행에 대처하는 방법을 발전시켜야 한다. 삶
의 예술은 불행에 대처하는 예술이기 때문이다.

불행에 대처하는 예술

행복에 대립하는 극단은 두말할 나위 없이 불행이다. 삶에 걸
쳐 있는 두 극단이 행복과 불행이라면 인간의 삶은 불행 쪽으로
더욱 쏠려 있다. 불행이 없는 완전한 행복은 신에게만 주어지는
것이기에, 인간의 삶은 어쩔 수 없이 불행할 수밖에 없다. 탄생의
고통으로 시작해서 죽음의 고통으로 끝나는 것이 인간의 삶이
다. 따라서 인간에게서 불행을 완전히 제거하는 것은 가능하지
도 않을뿐더러 바람직하지도 않다. 니체는 행복이 고통 없는 쾌
락이라고 생각한 영국의 공리주의를 신랄하게 비판하며 이렇게
말한다.

그대들은 가능한 한 고통을 없애고자 한다. 그런데 우리는?

우리는 그 고통을 지금까지 있던 것보다도 오히려 더 높고 힘든 것으로 갖고자 한다! 그대들이 이해하고 있는 안락함, 그것은 목적이 아니라 우리에게는 종말이라는 생각이 든다! 이는 인간을 바로 조소하고 경멸하게 만드는 상태이고, 인간의 몰락을 만드는 상태다! 고통의 훈련, 엄청난 고통의 훈련만이 지금까지 인간의 모든 향상을 이루어왔다는 사실을 그대들은 알지 못하는가?[2]

니체는 고통만이 인간을 인간답게 만들기 때문에 인류 문명의 동력은 고통이라고 말한다. 우리는 한편으로 행복의 즐거움을 맛보고 싶어 하면서도 다른 한편으로는 삶 전체의 의미를 얻고자 한다. 니체에 의하면 "불행 속에서의 영혼의 긴장이 영혼의 힘을 길러준다". 위대한 사람들은 위대한 고통을 당하고, 하찮은 사람들은 하찮은 고통을 당한다. 위대한 고통을 당하는 사람들은 그 고통이 고귀하기 때문에 결코 후회하지 않는다. 고통과 쾌락의 단순한 계산에 매달리는 하찮은 사람들은 커다란 행복을 가져올 큰 고통을 회피하고 사소한 쾌락을 추구한다. 쾌락을 직접적으로 향상시키는 활동들이 높은 행복감을 가져오지 않으며, 자신의 삶의 목적을 위해 큰 고통도 감수하는 활동들이 결국 높은 행복감을 산출하게 되는데, 이 현상을 '행복의 역설'이라고 한다. 이러한 현상은 우리의 초점을 고통과 불행에 맞출 것을 권고한다.

불행이라는 극단을 규명하고 승화하지 않으면 삶의 균형을 이룰 수 없다. 고통 속에서 고통을 통해 삶의 평정을 이루려고 했던 스토아 철학은 우리에게 닥칠 수 있는 나쁜 일들을 생각하라고 말한다. 고통과 불행을 미리 생각해보는 것은 그런 나쁜 일들이 일어나는 것을 미연에 막기 위함이다. 소 잃고 외양간 고치는 것보다는 우리를 미리 손보는 것이 도둑을 막는 최선의 방법이다. 건강을 잃고 나서야 비로소 운동을 시작하는 우를 범하지 않으려면, 아무리 건강한 사람도 언젠가는 노화로 병을 얻을 수 있다는 것을 알아야 한다.

아무리 대비를 잘하더라도 어떤 불행은 닥친다. 그리고 예기치 않은 불행은 우리 삶에 더 큰 영향을 끼친다. 그렇기 때문에 우리는 우리에게 닥칠 수 있는 최악의 불행을 주기적으로 생각할 필요가 있다. 불행의 영향을 미리 가늠하고 삶을 정리할 수 있기 때문이다. "나쁜 일들을 미리 감지하는 사람은 나쁜 일들의 힘을 빼앗을 수 있다"[3]는 세네카의 말에 따르면, 불행을 예견하지 못하고 오직 행운만을 쫓는 사람에게는 불행이 훨씬 더 큰 고통을 안겨준다. "모든 것은 어디에서나 잘 썩는다"[4]는 에픽테토스의 말 역시 불행에 대한 스토아 철학의 태도를 대변한다. 우리에게 닥칠 나쁜 일들을 미리 생각하지도 않고 감지하지도 못한 채 쾌락을 계속 즐길 수 있다고 추정한다면, 우리는 갑작

스레 닥친 불행으로 이러한 쾌락이 박탈당할 때 상당한 고통을 당할 것이다.

우리에게 일어날 수 있는 최악의 상황을 상정해보는 것이 한편으로는 불행을 미연에 막고, 다른 한편으로는 예기치 않은 불행이 닥쳤을 때의 고통을 줄여준다. 불행을 성찰하는 것이 균형 있는 삶에 중요한 이유는 또 있다. 인간이 대부분 불행한 것은 사실 만족을 모르는 욕망 때문이다. 욕망은 무한하기 때문에 쾌락을 향유하면 할수록 더 행복해지는 것은 아니다.

우리는 인생의 부침, 긍정적인 사건과 부정적인 사건의 기복이 아무리 심해도 오히려 특정한 행복 수준으로 돌아가려는 경향이 있다. 22명의 복권 당첨자와 29명의 하반신 마비 환자를 대상으로 한 행복 수준에 관한 연구가 이를 잘 말해준다.[5] 이 연구에 따르면 복권 당첨자는 더 행복해질 수 있는 어마어마한 액수의 돈이 있어도 일정 시간 뒤에는 과거의 행복 수준으로 되돌아간다. 하반신 마비라는 엄청난 불행을 겪은 환자들 역시 과거가 현재보다 행복했다고 생각하지만 앞으로는 과거처럼 행복할 거라고 기대한다. 심리학자들이 '쾌락 적응hedonic adaptation' 또는 '쾌락의 쳇바퀴hedonic treadmill'[6]라고 부르는 이 현상은 우리의 욕망이 영원히 충족될 수 없을 뿐만 아니라 설령 충족된다고 하더라도 만족이 반드시 행복을 가져오지는 않는다는 것을 말해준다.

당연한 것들의 함정

우리가 행복한 삶을 위해 간절히 원했던 것이 막상 실현되면 행복해지기보다는 오히려 불행해지기도 한다. 앞서 실험에서 다룬 것처럼 많은 사람이 부족한 것을 한 방에 채워줄 수 있는 복권 당첨을 꿈꾼다. 복권 당첨자는 궁전 같은 펜트하우스를 사고, 페라리를 타고 고급 식당에서 식사를 즐기는 등 평상시 해보지 못했던 꿈을 실현함으로써 엄청난 기쁨을 느낄 것이다. 그렇지만 일정 시간이 지나고 나면 이런 것들도 과거의 형편없는 똥차, 비좁은 단칸방, 소박한 식사처럼 '당연시'된다. 무엇인가를 당연시한다는 것은 그것의 진정한 가치를 모르는 것이다.

이처럼 우리에게 엄청난 쾌락을 제공한 것들이 당연시되면 과거의 행복 수준으로 돌아가는 것이 쾌락 적응이다. 돈과 행복의 관계에 관한 연구에 따르면, 돈이 없을 때는 수입이 늘어날수록 행복감이 증가하지만 그게 어느 한계에 도달하면 더 많이 벌어도 더 행복해지지 않는다. 마찬가지로 어떤 사람의 장기적 행복은 충격적인 사건이 벌어지더라도 심각하게 영향을 받지 않는다.

우리가 가진 것을 당연시하면 행복은 지속되지 않거나 강화되지 않는다. 간절히 원하는 것을 가지면 행복할 것이라는 생각은 우리를 '트레드밀' 위에서 끊임없이 뛰게 한다. 아무리 열심히, 그리고 아무리 빨리 달려도 결국은 제자리인 트레드밀처럼 우리는 불행해진다. 우리가 가진 것에 만족하지 못하고 새로운 것을 바랄 뿐만 아니라, 막상 새로운 것을 실현했을 때도 당연한 것으로 여겨 또 새로운 것을 바라는 욕망의 악순환이다. 집과 차 같은 물건들, 일과 직업 같은 활동들, 그리고 처자식 같은 관계들. 집에 가면 반갑게 맞아주는 아이들과 아내를 당연한 것으로 여기는 순간, 우리는 그들의 진정한 가치를 망각할 수 있다.

우리에게 닥칠 수 있는 불행을 미리 생각해보는 것은 이처럼 우리가 당연하게 여기는 것의 가치를 인식하는 방법이다. 쾌락 적응의 덫에 걸리지 않고 행복을 지속 가능하게 만들려면 "우리가 이미 가진 것에 대한 욕망을 기를 수 있는 기술이 필요하다."[7] 우리가 아직 갖지 못한 것을 갈망하는 것이 아니라 이미 가진 것을 욕망한다는 것은 그것의 가치를 인정한다는 뜻이다. 스토아 철학자들은 이미 가진 것의 가치를 깨닫기 위해서는 일종의 '부정적 시각화'가 필요하다고 말한다. 아침에 출근할 때 사랑하는 아이와 아내에게 키스를 하면서 내일은 이들이 죽어서 없을 수도 있다는 생각을 머릿속에 떠올린다면, 입맞춤을 영혼 없이 의례적으로 하지는 않을 것이다. 에픽테토스는 우리가 사랑하는 사람들이 우리에게 "현재 주어진 것이지, 분리될 수 없는 것도 아니고 영원히 주어진 것도 아니라는 점"[8]을 강조한다. 그들이 지금 나와 함께 있다는 사실이 매우 소중한 것이다.

우리에게 닥칠 수 있는 최악의 불행은 과연 무엇일까? 바로 죽음이다. 생명이 최고의 선이라면, 죽음은 최고의 악이다. 우리는 사랑하는 사람을 잃을 때 가장 불행하다. 그럼에도 그들이 살아 있을 때 그들의 존재를 매우 당연한 것으로 여긴다. 살아 있을 때 우리가 필연적으로 죽을 수밖에 없는 존재라는 사실을 망각하는 것처럼, 우리는 그들의 죽음을 통해 비로소 알게 될 그들의 의미와 가치를 경시한다. 그렇기 때문에 스토아 철학자들은 우리에게 종종 자신의 죽음뿐만 아니라 가족과 친구의 죽음을 미리 생각해보라고 권유한다. 친구들과 즐거운 시간을 보낸 뒤 헤어질 때 이것이 마지막 이별이 될 수도 있다고 생각한다면, 함께한 친구들과 시간이 내게 어떤 의미로 다가올까? 이러한 불행에 관한 부정적 시각화는 우리가 이미 갖고 일상적으로 향유하는 것들이 당연한 것이 아니라는 사실을 일깨워준다.

세네카가 말한 것처럼, 우리는 이 순간이 마치 우리의 마지막인 것처럼 살아야 한다.

지속 가능한 행복에 관하여

오늘날 현대인들은 매일 반복되는 일상이 우리의 행복을 좀먹는다고 생각한다. 매일 아침 똑같은 시간에 일어나 똑같은 일을 하다가 똑같은 사람들이 있는 집으로 들어온다. 마치 새로운 것이 행복을 가져다줄 것처럼 확신하면서, 당연한 일만 반복될 뿐 새로운 것이라고는 하나도 없다고 불평한다. 그러나 내일 아침 동쪽에서 떠오르는 해를 보며 깨어나는 것이 결코 당연한 일

행복을 지속 가능하게 만들려면
우리가 아직 갖지 못한 것을 갈망하는 것이 아니라,
이미 가진 것에 대한 욕망을 기를 수 있는 기술이 필요하다.

은 아니다. 매일 마시는 것이지만 아침마다 느끼는 커피의 향과 맛이 당연한 것도 아니다.

불행을 미리 생각해보는 것은 행복을 지속시키는 방법이다. 우리가 살아 있다는 사실이 얼마나 멋진가를 깨닫게 하고, 우리가 이미 가진 것에 감사하게 만든다. 미래에 닥칠지도 모를 불행을 예견하고 성찰하는 것이 삶에서 느끼는 쾌락을 빼앗는 것이 아니라 오히려 지속 가능하게 만드는 것이다. 미래의 불행을 성찰해보는 것은 결코 미래에 대한 걱정이 아니다. 우리는 미래에 닥칠 불행을 너무 걱정하지 않고도 그것을 성찰할 수 있다. 미래의 불행을 지나치게 걱정하는 것은 현재 가진 것에 집착이 강하다는 의미다. 그러므로 미래의 불행을 생각해본다는 것은 현재에 너무 집착하지 않으면서도 현재의 삶을 사랑하는 것이다. 세네카는 사랑하는 아들을 먼저 보낸 비통에서 헤어나지 못하는 마르시아에게 위로 편지를 보내 이렇게 말한다.

우리는 우리의 아이들 모두를 사랑해야 합니다. 그렇지만 우리가 그들과 영원히 함께할 수 있다는 보장이 없음을 생각해야 합니다. 그들과 오랫동안 함께할 수 있다는 보장조차 없음을 생각해야 합니다.[9]

모든 것이 영원할 수 없다면 우리가 지금 누리는 것이 결코 당연한 것은 아니다. 우리가 이미 가진 것이 당연하지 않음을 깨닫고 현재의 삶을 향유하려면, 우리는 불행을 성찰할 수 있는 능력을 가져야 한다. 불행의 성찰이 행복을 가져온다.

3

_____

할 수 있는 것과 할 수 없는 것

_____

불공평한 시작

'인생은 참 불공평하다'는 말은 대체로 우리가 어쩔 수 없는 삶의 환경과 관련이 있다. 우리가 어떤 재능을 갖고 어떤 부모 밑에 태어나 어떤 나라에서 성장할지를 정하는 것은 우리 영향력 밖의 일이다. 유전자나 부모, 국가는 우리가 선택할 수 있는 것이 아니다. 20세기의 실존주의 철학자 마르틴 하이데거는 "세계 내 존재In-der-Welt-Sein"라는, 단순하지만 멋진 말로 이런 핵심적 사실을 드러낸다. 이는 특정한 환경과 세계 속으로 던져진 우리는 이 세계와 어떤 형태로든 관계를 맺을 수밖에 없다는 것을 말해준다. 우리 삶의 거시적 차원이라고 할 수 있는 환경에 대해서 우리는 아무런 힘도 쓸 수 없다.

우리가 영향을 줄 수 없는 외부 환경이 우리 삶에는 엄청난 영향을 끼친다. 이 거시적 차원에서는 '성공이 더 많은 성공을 낳고, 실패는 더 많은 실패를 불러온다'는 슬픈 명제가 적용된다. 만약 어떤 사람이 그를 사랑하고 전폭적으로 지원하는 부유한 부모에게서 태어났다면, 그에겐 다음과 같은 일이 일어날 개연성이 높다. 그의 부모는 그가 재능을 찾고 발전시킬 수 있도록 최선의 교육을 시킬 것이다. 이런 환경에서 좋은 건강, 좋은 교육, 좋은 관계는 매우 당연한 것처럼 주어진다. 이런 환경에서 성장한 그는 자긍심과 자신감, 자존감을 갖고 자신의 길을 성공적으로 찾을 것이다. 그의 삶을 성공으로 이끈 이런 사회적 환경은 그가 스스로 노력해서 얻은 것이 아니기 때문에 행운 또는 특권과 같다.

최근의 여러 연구 결과는 부와 건강 사이에 긍정적인 관계가 있다는 것을 보여준다. 부가 건강 증진에 기여하고, 건강은 부를 가져온다는 것이다. 1980년 기준 미국에서 소득 수준이 상위 5퍼센트에 해당하는 사람들이 하위 5퍼센트의 사람들보다 평균 25퍼센트 더 오래 산다는 연구 결과가 나왔다. 우리나라의 경우 연세대 의대 보건정책 및 관리연구소 예방의학교실 장후선 교수 연구팀이 2005년 건강 상태가 양호한 국민 62만 5265

명을 경제적 수준에 따라 10등급으로 나누어 2011년까지 건강 상태를 추적한 뒤 2012년에 발표한 연구 결과에 따르면, 가장 못사는 등급의 사망 위험이 가장 잘사는 등급보다 2.3배 정도 높은 것으로 나타났다. 잘사는 사람이 오래 산다. 교육을 잘 받은 사람은 소득이 높은 직장에 다니므로 건강에도 많은 투자를 한다. 이처럼 삶에 유익한 자원들은 '축적'되고, 이 자원들이 끌어 일으킨 이익들로 축적은 더욱 '가속'되며, 결국에는 사회적 환경에 영향을 줄 레버리지leverage가 된다. 성공이 더 많은 성공을 낳는 이런 환경은 결코 공평하게 설계되어 있지 않다.

'가난에도 이자가 붙는다'는 말처럼 불우한 환경에서 태어난 사람은 신체 발달도 좋지 않고, 좋은 교육을 받지 못해 자신의 재능이 무엇인지조차 모를 가능성이 높다. 부모의 도움과 지원을 받을 수도 없고, 어떤 삶이 성공한 삶인지 따라 배워야 할 본보기도 없다. 이 경우 실패는 더 많은 실패를 불러온다. 기울어진 운동장에서 시합을 해야 하는 불우한 사람들에게 삶은 불공평하기 짝이 없다. 이들은 기껏해야 선망의 대상인 행운아들이 불행을 겪는 모습을 보면서 인생은 공평하다고 자위할 뿐이다. 그러나 다른 사람의 고통과 불행을 보고 즐거워하는 '쌤통 심리'는 자신을 성공으로 이끌지도 않을 뿐만 아니라 평정심을 해쳐 결국 영혼을 갉아먹는다.

통제할 수 있는 것과 통제할 수 없는 것

《정의론》으로 잘 알려진 20세기의 대표적인 철학자 존 롤스는 불공평한 출발점을 똑같이 만드는 것이 정의로운 사회를 구현하는 일이라고 말했지만, 우리의 현실은 여전히 불공평하다. 사회를 바꿀 힘이 없으면서 사회 탓만 하는 것은 우리의 삶을 부패시킨다. 출발점이 나쁠수록, 환경이 좋지 않을수록 우리는 삶을 위해 더욱 힘들게 싸워야 한다. 인생이 공평하다면, 그것은 거친 환경이 강한 성격을 만들어내기 때문일 것이다. 불공평한 출발점을 바로잡고, 환경에 영향을 줄 수 있을 정도의 힘을 키우기 위해서는 삶의 목표를 포기하지 않고 불굴의 의지로 싸우는 수밖에 없다.

그래도 삶에는 공평한 면이 있다. 행운과 특권을 가지고 시작한 사람들이라고 해서 반드시 성공하는 것도 아니고 행복하지도 않다는 것이다. 특권은 우리 사회를 더 좋게 만들려는 의무를 수반해야 한다. 그런데 자신의 행운에만 안주한다면, 그는 점차 유리한 출발점을 상실하고 말 것이다. 아무리 엄청난 부라도 삼대를 넘기기가 쉽지 않다. 행운을 갖고 태어난 사람들은 좋은 재능, 좋은 부모, 좋은 교육이 자신을 발전시키라고 주어진 신탁이라고 생각해야 한다. 스토아 철학자들이 말하는 것처럼 많은 성공을 거둘수록 그 기반이 된 행운에 감사하고 더욱더 겸손해져야 한다.

삶은 공평하지 않지만, 불공평한 환경을 바꿀 수 있는 것은 그런 환경을 대하는 우리의 생각과 태도다. 우리가 외부 환경에 어떤 태도를 취하느냐에 따라 우리의 삶이 달라진다. 우리 마음을 다스려야 환경을 통제할 수 있다. 스토아 철학자 에픽테토스의 명언을 살펴보자.

> 어떤 것들은 우리에게 달려 있고, 어떤 것들은 우리와 관련이 없다.[1]

우리의 권한 안에 든 것들이 있는가 하면, 우리의 권한 밖에 있는 것들도 있다. 생각이나 충동, 욕망, 혐오감 등과 같이 우리 내면에서 일어나는 것들은 우리에게 달려 있지만, 부와 지위, 명성과 수명은 우리가 통제할 수 없는 것들이다.

우리는 대체로 우리에게 달려 있는 것들을 원하지만, 종종 우리의 권한 밖에 있는 것들을 간절히 원하기도 한다. 그렇지만 사랑하는 가족과 친구들이 영원히 살기를 바라는 것은 어리석은 일이다. 그것은 우리가 어쩔 수 없는 권한 밖의 일이기 때문이다. 그럼에도 우리가 바라는 것처럼 사랑하는 이들과 오랫동안 함께 살 수 있다면 더없이 행복할 것이다. 우리에게 달려 있지 않은 것들을 원할 경우에는 그것을 얻지 못하거나 잃을까봐 불안해질 것이다. 결국 우리는 원하는 것을 얻지 못하면 속상하고, 원하는 것을 얻는 과정에서도 불안에 떨어야 한다. 마음의 평정심을 잃고, 삶을 있는 그대로 즐길 수 없는 것이다.

균형 있는 삶을 원한다면, 우리는 스토아 철학이 권하는 것처럼 '통제할 수 있는 것'과 '통제할 수 없는 것'을 구별할 줄 알아야 한다. 우리가 원하는 것을 얻을 수 있는 좋은 전략은 우리 권한 안에 든 것을 원하는 것이다. 얻기 쉬운 것은 대수롭지 않게 여기면서 얻을 수 없는 것을 간절히 원하는 것처럼 어리석은 짓도 없을 것이다. 우리가 통제할 수 없는 것은 내버려두고 통제할 수 있는 것들에 집중하는 것이 오히려 더 좋은 삶을 가져온다. 우리 스스로 만들 수 있는 이익과 손해를 성찰하는 것이 삶의 예술의 출발점이다. 에픽테토스처럼 "평정, 자유와 고요를 얻기 위해 외부 세계가 제공하는 보상을 포기하겠다면,"[2] 우리는 무엇을 할 수 있는지 그리고 무엇은 할 수 없는지 분명하게 깨달아야 한다.

물론 세상일들이 단순한 이분법으로 설명되지는 않는다. 에픽테토스는 우리가 완전히 통제할 수 있는 것과 완전히 통제할 수 없는 것으로 구분하지만, 우리가 삶 속에서 경험하는 일들에는 회색지대도 있다. 또 우리가 어느 정도는 통제할 수 있지만 완전히는 통제하지 못하는 것들도 존재한다. 에픽테토스의 말처럼 어떤 사물이 설령 우리의 통제 밖에 있다고 하더라도 그 사물에 대한 '생각'은 우리가 완전히 통제할 수 있는 것이다.

그러나 스토아 철학자들이 완전히 통제할 수 있다고 생각한 감정과 욕망은 그렇게 간단하지 않다. 순간적으로 어떤 행동을 하고 싶은 욕구를 느끼게 하는 마음속의 자극인 충동은 글자그대로 예고 없이 찾아온다. 그리고 우리에겐 그런 충동을 경험하지 못하게 하는 통제력이 없다. 강한 의지를 갖고 다이어트를 할 때도 아이스크림을 먹고 싶다는 욕망과 충동이 생기는 것은 어쩔 수 없다. 그런데 완전히 통제할 수 없는 것을 완전히 통제할 수 있다고 생각해서 원한다면, 그것이 오히려 우리의 마음을 어지럽힌다. 아이스크림을 먹고 싶다는 욕망만으로 '나는 왜 이모양인가!'라고 자신의 의지와 성격을 탓한다면, 마음의 평정을 얻을 수 없다.

스스로 결정하는 가치

현대의 스토아 철학자 윌리엄 어빈은 에픽테토스가 제안한 통제의 이분법을 삼분법으로 수정한다. 우리가 삶에서 경험하는 것들에는 '우리가 완전히 통제할 수 있는 것', '우리가 전혀 통제할 수 없는 것', 그리고 '우리가 어느 정도 통제하지만 완전히는 통제할 수 없는 것'이 있다는 것이다.[3] 우리가 완전히 통제할 수 있는 것은 우리의 생각이다. 우리가 세계와 이 세상의 사물에 부여하는 가치는 우리에게 달려 있는 것이다. 좋은 삶을 살기 위한 방법은 진정으로 가치 있는 것들은 높이 평가하고,

가치 없는 것들에는 관심을 두지 않는 것이다. 가치를 평가하고 부여하는 것이 우리 자신이라면, 우리는 좋은 삶을 살 수 있는 능력 또한 갖고 있는 것이다. 어떤 생각과 어떤 가치를 가지고 있는가가 자신이 어떤 종류의 사람인지를 결정한다.

현대인들은 어쩌면 자신의 생각과 성격을 바꾸는 것이 더 힘들다고 생각할지도 모른다. 생각과 성격은 우리의 삶 전체에 관련된다. 우리가 무엇을 위해 살 것인가의 문제다. 우리는 범람하는 다양한 의견들과 상대주의적인 가치들이 서로 투쟁하는 가운데 올바른 생각과 가치를 갖는 것이 거의 불가능하다고 생각한다.

그렇지만 삶이 항상 '나'의 삶이라면 내가 가치 있다고 생각하는 삶을 스스로 결정할 수 있다. 그것은 우리가 완전히 통제할 수 없는 외부 환경과는 다른 것이다. 내일 미세먼지를 깨끗이 날려버릴 북동풍이 불 것인지는 우리에게 달려 있는 일이 아니다. 그렇지만 건강을 심각하게 위협하는 미세먼지를 줄이기 위해 디젤 자동차를 타지 않고 대중교통수단을 이용하는 것은 내가 결정할 수 있는 일이다. 우리가 비를 내리게 하고 바람이 불게 하는 것은 어렵지만, 환경 오염을 줄이는 삶을 선택할 수는 있다. 주위 세계를 바꾸는 것보다 자신이 원하는 것과 자신을 바꾸는 것이 쉽다면, 우리가 통제할 수 있는 것에 집중할 필요가 있다.

우리가 할 수 있는 것과 할 수 없는 것을 구별하는 것은 마음의 평정을 얻기 위함이다. 할 수 없는 것을 간절히 원하면 마음이 상처를 받는다. 우리에게 가장 많은 상처를 주는 것은 어쩌면 우리가 어느 정도는 통제할 수 있지만 완전히는 통제할 수 없는 것일지도 모른다. 오늘날처럼 적나라한 경쟁 사회에서는 내가 '어느 정도까지' 통제할 수 있는지를 아는 것이 쉽지 않다. 성공한 사례만을 과장해서 보도하는 대중매체는 욕망의 인플레이션을 가져오고, 우리 능력에 대한 평가를 왜곡한다. 최고인 사람이 모든 것을 가져가는 승자독식 사회에서 성공은 드물고 실패는 다반사다. 우리는 어느 정도는 통제할 수 있지만 완전히는 통제할 수 없는 것에 대한 적절한 태도를 가져야 한다.

어느 정도 통제할 수 있다는 것은 열심히 하면 얻을 수 있다는 것을 의미한다. 특정한 능력을 서로 겨루는 시합을 생각해보라. 열심히 하면 이길 수도 있지만, 성공과 실패는 시합하는 순간의 상대방 실력에 달려 있다. 나는 상대방의 기량과 경기력을 통제할 수 없다. 이 경우에도 내가 통제할 수 있는 것은 결국 나의 능력에 대한 태도뿐이다. 어떤 상대든 어떤 조건이든 나는 최선을 다할 뿐이라는 다짐이 이를 말해준다. 나의 외면적인 목표는 승리지만, 내면적인 목표는 최선을 다하는 것이다. 나의 능력을 최대한 끌어내어 매력적인 방식으로 보여주는 것이 목표다. 성공하면 승리를 즐기고, 실패하더라도 최선을 다했기에 후회하지 않는다면 마음의 평정도 깨지지 않는다.

　균형 있는 좋은 삶은 성공이 연속으로 이루어지는 삶이 아니다. 삶에는 성공보다 실패가 더 많다. 우리가 가치 있는 일을 실현하기 위해 최선을 다해도 반드시 성공하는 것이 아니라면, 실패에 대한 태도가 결국 우리의 삶의 모습을 결정한다. 실패가 우리를 좌절과 절망으로 이끈다면, 삶의 균형을 복원하기가 어려울 것이다. '실패는 성공의 어머니'라는 말도 위안이 되지 않는다. 우리는 실패가 삶의 균형을 파괴하지 않도록 실패에 대한 두려움을 줄여야 한다. 우리가 통제할 수 없는 것을 바란다면, 실패의 영향력은 더욱 커진다.

　실패하지 않으려면, 우리가 통제할 수 있는 것에 집중해야 한다. 자신이 할 수 있는 것만 잘 해서 질 수 없는 싸움만 하는 사람이 진정으로 승리하는 사람이다. 자신이 할 수 있는 것을 알려면, 자신이 할 수 없는 것을 구별할 줄 알아야 한다. 이것은 자신만의 성격을 만들어가는 과정이기도 하다. 여기서 역설적인 기적이 일어난다. 세계를 변화시키기보다는 자신을 변화시키려는 한 사람이 결국 세계를 변화시킬 힘을 갖는다.

4

자기 포기와 자기 발견

훼손된 영혼

사람들은 정서적으로 신체적으로, 그리고 영적으로 소진되었다. 직업과 가정, 그리고 그 사이의 일상적 요구가 그들의 에너지와 열정을 침식한다.[1]

현대사회의 전염병이라고 할 수 있는 '번아웃'에 관한 한 사회학적 연구는 현대사회를 이렇게 진단한다. 오늘날 주위를 둘러보면 과다한 일과 노동으로 소진된 사회에 살고 있다는 것을 어렵지 않게 알 수 있다.

번아웃은 과도한 업무와 스트레스로 정서적, 신체적으로 고갈되어 일에 대한 아무런 의욕과 능력이 없는 상태를 뜻하는 사회심리학적인 용어다. 번아웃은 글자 그대로 에너지가 다 타버려서 더 이상 태울 것이 없다는 뜻이다. 일과 삶에 대한 의욕과 능력이 점점 줄어들다가 다 사라져 없어진 소진消盡 상태다. 과도한 업무나 학업으로 삶의 에너지가 모두 소모되어 무기력증에 빠지고, 정서적으로 탈진해 일을 해나가려는 동기를 잃어버린 극단적인 스트레스 징후가 현대사회 곳곳에서 보인다.

지금까지 엄청난 성공을 거두었다고 평가된 경영자, 연예인, 스포츠 팀 감독 같은 셀럽들이 어느 날 갑자기 활동 무대에서 물러나는 경우가 있다. 도저히 더 이상 할 수 없다는 것이 이유다. 이처럼 번아웃이 사람들을 많이 대하는 감정 노동 종사자들에게만 찾아오는 것은 아니라, 현대사회의 무한 경쟁 속에서 '자기실현'을 위해 자신의 삶을 불태웠던 사람들은 거의 예외 없이 번아웃에 시달린다.

'번아웃'은 영국 작가 그레이엄 그린의 소설《번아웃 케이스》에서 유래된 말로, 독일 출신의 심리학자 허버트 프레이덴버거가 처음 사용하며 등장한 개념이다. 이 소설은 대단히 성공해 세계적으로 유명해진 건축가가 일과 여자, 사람들과의 관계 등 어느 곳에서도 기쁨과 의미를 느끼지 못하고 유럽으로부터 도망쳐 콩고의 나병 환자 마을에서 자기를 찾아가는 과정을 보여준다. 더 이상 치유될 수 없는 나병 환자들은 병이 진행될수록 손가락, 발가락, 귀 등의 신체를 잃는 고통을 당한다. 번아웃의 희생자들은 나병 환자들처럼 신체의 일부를 잃는 끔찍한 고통을 당하진 않지만 그들의 감정과 영혼은 심각하게 훼손된다. 이 소설의 주인공은 나병 환자들을 돌보면서 점점 자신의 영혼을 치유한다. 소설은 번아웃의 희생자와 나병 환자를 대비시킴으로써 현대인들을 '고통'과 '훼손'이라는 별로 반갑지 않은 두 대안 사이로 밀어넣는다. '끔찍한 고통을 당하지만 영혼을 가진 삶'과 '고통은 없지만 영혼이 훼손된 삶'이 그것이다.

현대사회에서는 극단적인 성공과 극단적인 불행이 동시에 일어날 수 있음을 일깨워준 이 소설은 우리에게 삶의 형식이라는 것이 어쩌면 훼손의 한 형식일 수도 있음을 말해주는 것처럼 보인다. 어느 누구도 신체적으로나 정신적으로 아무런 훼손 없이 삶의 과정을 통과할 수 없다. 삶의 긴 여정을 살아간다는 것은 어떤 형식으로든 상처를 입는다는 것을 의미한다. 상처를 입지 않는 것이 중요한 것이 아니라, 상처가 덧나지 않게 잘 치료하는 것이 중요하다. 상처를 입으면 고통을 당한다. 그런데 고통이라는 감정을 느끼지 못하는 삶은 살 만한 가치가 있는 것이 아니다. 소설 《번아웃 케이스》의 주인공은 유럽을 떠나면서 이렇게 말한다.

나는 아무것에도 고통을 느끼지 않는다. 나는 고통이 무엇인지 더 이상 알지 못한다. 나는 그 모든 것의 끝에 도달했다.[2]

번아웃은 필요악인가

왜 우리는 삶에서 고통을 느끼는가? 지금의 삶이 반복되기를 원치 않지만 살 만한 가치가 없는 삶이 반복되는 삶의 형식을 긍정할 때, 우리는 고통을 느낀다. 고통에는 지금의 삶과는 다른 살 만한 가치가 있는 삶을 창조하고 싶다는 욕망이 숨어 있다. 고통을 느끼지 않는다는 것은 결국 자신의 삶을 창조하기 위해 아무것도 하지 않았다는 것을 의미한다. 아무것에도 고통을 느끼지 않는 삶은 살 만한 가치가 없는 삶이다.

번아웃은 삶으로부터 어떤 자극도 받지 않기 때문에 아무런 고통도 느끼지 못하는 무기력한 상태다. 번아웃은 노동 현장에서 나타나는 소진, 냉소주의 및 무기력의 심리적 징후를 말한다. 소진은 우리의 신체적, 정서적 자원이 감소해 완전히 고갈된 느낌을 말한다. 재충전할 기회도 없이 일만 열심히 하다 보면 누구나 새로운 일을 맡는 것이 두려울 정도로 내면의 힘이 완전히 사라지는 것을 느낀다. 내일 또 똑같은 일을 하는 것이 두려움의 대상이 되면 사람은 이상과 동경을 잃어버린다. 일해야 할 이유를 상실하면 자신이 하는 일과 일하면서 만나는 사람들에게 무심하거나 냉소적이 된다. 이런 상태가 오랫동안 지속되면 결국 무력감에 빠져 자신을 쓸모없는 잉여 존재인 것처럼 생각하게 된다.

왜 현대인들은 쉽게 번아웃에 빠지는가? 현대인들은 무한 경쟁을 유발하는 현대 자본주의 체제에서 번아웃을 필요악처럼 생각하는 경향이 있다. 우리는 번아웃을 개인의 책임이라기보다는 체제의 병으로 치부한다. 우울증은 병으로 생각해 쉽게 인정하지 않으려고 하면서도 번아웃이라는 말은 가볍게 입에 올리는 것은 이 때문이다. 어떤 사람들은 오히려 번아웃을 자랑처럼 떠벌린다. 번아웃이라는 단어가 말해주는 것처럼 이토록 소진되었다는 것은 한때는 활활 타올랐다는 것을 암시한다. 자신의 열정과 에너지를 불사르지 않으면 다 타버려 하얀 재가 될 수 없으니까. 내가 열심히 일했음에도 소진되었다면, 그것은 결코 내 책임일 수가 없는 것이다.

그러나 번아웃은 체제의 병이기 전에 개인의 책임이다. 번아웃이 과도한 업무와 스트레스의 결과라는 것은 누구나 아는 사실이다. 적절한 스트레스는 삶의 활력소지만, 과도한 스트레스는 삶의 균형을 깨뜨린다. 외부의 도전과 자극에 의해 촉발되는 스트레스 시스템은 우리가 주어진 과제를 능동적으로 해결할 수 있도록 힘과 에너지를 공급한다. 문제는 주어진 과제가 우리의 힘을 능가해 스트레스 조절 시스템이 제대로 작동하지 않을 때 시작된다.

이런 상황이 지속되면 우리 삶은 스트레스로부터 회복되지 못하고, 결국에는 외부의 과제뿐만 아니라 일상적인 일마저 제대로 해내지 못하는 무기력 상태에 빠지게 된다. 이러한 번아웃에 빠지지 않으려면 삶의 탄력성을 유지해야 한다. 내가 얼마나 많은 스트레스를 견뎌낼 수 있는지, 내 삶의 탄력성이 어느 정도인지는 스스로 파악해야 한다.

번아웃에서 벗어나기

개인이 가진 능력을 극대화하는 것이 자본주의 체제다. 이 세상에는 모든 것을 잘 해낼 수 있는 무한한 능력이 우리에게 주어진 것 같은 착각을 불러일으키는 광고가 넘쳐난다. 그러나 자본주의사회의 집단적 신념과는 달리 우리는 무한한 능력을 갖고 있지 않으며, 또 언제나 컨디션이 좋은 최적의 상태에 있지도 않다. 그런데 번아웃은 모든 것이 가능하다는 현대의 이데올로기에 현혹되어 자신을 돌보지 않을 때 찾아온다.

그렇다면 우리는 어떻게 번아웃으로부터 벗어날 수 있는가? 앞서 다룬 그레이엄 그린의 소설이 하나의 실마리를 제공한다. 소설의 주인공 퀘리는 성공한 건축가다. 세계적으로 유명한 건축가인 그는 자기 자신에게만 관심을 기울인다. 그는 철저한 개인주의자다. 그가 나환자촌의 의사와 대화를 나누면서 고백하는 것처럼, 그가 관심 있는 건 건축물이지 그 안에서 살게 될 사람들이 아니다. 나를 위대하게 만드는 것, 즉 내가 우뚝 설 수 있도록 해주는 것에만 관심을 기울인다.

자신의 삶에 다른 사람들과의 균형 있는 관계가 얼마나 중요한지를 모르는 이러한 태도는 왜곡된 개인주의다. 사람들과의 관계를 대수롭지 않게 여기면 결국 자신에게 기쁨을 주는 것에 몰두하게 된다. 더 많은 쾌락을 얻기 위해 더 많이 소비하는 것이다. 우리의 욕망은 항상 우리의 만족을 넘어서기 때문에 이러한 쾌락주의는 끝을 모른다. 왜곡된 개인주의와 천박한 쾌락주의의 잘못된 만남은 우리가 무엇 때문에 사는지, 왜 함께 살아가는지 그 의미를 망각하게 만든다. 삶이 의미를 잃어갈 때, 우리는 번아웃된다.

지나친 자기 집착이 결국 자기를 파괴한다는 사실은 정말 역설적이다. 번아웃을 예방하려면 평소부터 자기를 버리는 연습을 해야 한다. 자신이 감당할 수 없는 과제를 맡아놓고 일을 해결하지 못해 번아웃에 걸린다면, 자기 능력이 생각만큼 대단하지 않다는 사실을 인정해야 한다. 현대사회는 '실패는 성공의 어머니'라는 말이 무색하게 실패 자체를 금기시한다. 이러한 가운데 실패가 반복되어 번아웃을 가져온다면, 우리는 실패로 인한 좌절과 수치심을 이겨낼 수 있는 용기를 가져야 한다. 변화된 현실에 대응하고, 실패로부터 배우고, 삶에 의미 있는 방향을 제시하려면 우리 자신이 탄력적이어야 한다. 자기를 고집하는 사람은 결코 탄력성을 가질 수 없다.

그레이엄 그린의 소설 주인공이 일상적인 삶이 반복되는 유
럽을 떠나 콩고의 나병 환자 마을에서 자기를 다시 찾는 과정은
많은 것을 시사한다. 퀘리가 유럽에서 잘나가는 건축가로 일할
때는 자기만 있고 다른 사람들은 존재하지 않았는데, 콩고에서
나병 환자들과 관계를 맺으면서 점차 자기 자신을 되찾는다.

> 의사 선생님, 당신의 직업은 매우 다릅니다. 당신은 사람들
> 과 관계합니다. 나는 내 공간을 차지하는 사람들과 관계하지
> 않았습니다. 오직 공간과 관계했을 뿐이지요.[3]

퀘리가 나환자촌의 의사와 나눈 이 대화는 많은 것을 말해
준다. 삶의 의미는 사람들과의 관계 속에서만 찾아진다는 것.

그렇지만 우리가 자신을 되찾기 위해 익숙한 고향을 떠나
미지의 나라로 갈 수는 없다. 우리는 지금 그리고 여기서 자신
을 포기하는 연습을 해야 한다. 자신의 진정한 모습을 보려면
자기를 은폐하고 있는 것들을 치워야 한다. 입고 있는 옷, 매일
먹는 음식, 취미와 습관, 자부심을 갖고 수행하는 일과 직업. 우
리는 이러한 것들로 보이는 모습이 우리 자신이라고 착각한다.
우리가 매일매일 향유하는 쾌락을 당연한 것으로 생각하면, 우
리는 더 많은 쾌락을 좇는다. 이러한 쾌락들은 결국 우리 자신

을 은폐한다.

자기로부터의 탈출, 자기 포기

스토아 철학자들은 삶을 균형 있게 살려면 종종 가진 것들을 자발적으로 포기할 줄 알아야 한다고 말한다. 우리에게 닥칠 나쁜 일들을 단순히 생각만 하는 것이 아니라, 때때로 마치 나쁜 일들이 정말 일어난 것처럼 살아야 한다는 것이다. 이를테면 부를 잃었을 때 어떤 상황에 처할지 생각해보는 대신에 가끔 자발적으로 "빈곤을 실천해야"[4] 한다는 것이다. 살아가는 데 정말 필요한 것인지를 알기 위해서는 그것 없이 살아보는 게 최선의 방법이다. 익숙하고 편안한 집을 떠나보면 집의 중요성을 알기도 하지만, 자신이 삶의 의미를 찾는 곳이 집일 수 있다는 사실도 깨닫는다. 이처럼 자발적 빈곤은 물질적 풍요와 안락함이 당연하게 주어지는 것이 아님을 깨닫게 하는 동시에 우리가 어느 정도 수준에서 만족할 수 있는지를 알려주기도 한다.

스스로 원하는 불편과 고통은 원하지 않지만 불가피하게 겪게 되는 불편과 고통하고는 질적으로 다르다. 우리가 불편과 고통을 감수하는 것은 스스로를 벌주기 위해서가 아니라 오히려 삶의 즐거움을 증가시키기 위해서다. 충분히 쾌적한 삶을 누릴 수 있는데도 왜 일부러 불편한 삶을 사느냐고 물을 수 있다. 편안한 집을 내팽개치고 굳이 오지의 거친 황야를 헤매야 하느냐고 불평할 수도 있다. 그런데 이런 자발적 불편은 편안함을 누리는 데 대한 감사한 마음이 들게 할 뿐만 아니라 편안할 수 있는 영역을 넓혀준다. 불결하다는 이유로 호텔이나 고급 레스토랑이 아닌 곳에서는 식사를 하지 못하는 사람을 생각해보라. 그는 거리의 맛있는 음식들을 경험해보지 못할 뿐만 아니라 그런 음식을 고마워하지도 않을 것이다.

스토아 철학자들이 가족이나 음식, 부와 재산으로부터 얻을 수 있는 쾌락을 거부하는 것은 아니다. 음식을 즐기는 것과 식탐의 경계선이 미묘한 것처럼 우리도 소중하게 여기는 사물에 애착을 가지거나 집착할 위험이 있다. 스토아 철학자들은 이러한 향락의 대상을 대하는 데 신중하라고 조언한다.

스토아 철학이 권유하는 자기 포기는 자기를 둘러싼 껍데기로부터 탈출하는 것이다. 호화로운 저택에서 편안하게 살아온 사람이라면 때로는 산에서 비박을 하며 거친 땅 위에서 자보는 것도 좋다. 매일 진수성찬을 받던 사람은 가끔 굶어보는 것도 좋다. 간헐적 단식은 우리 몸의 균형을 복원할 뿐만 아니라 음식의 맛을 더욱 증가시킨다. 간헐적 자기 포기는 이처럼 욕망에 맞닥뜨리게 함으로써 자신의 참모습을 알게 한다.

근육의 힘을 기르면 몸이 더욱 튼튼해지는 것처럼, 우리는 마음의 근육도 기를 줄 알아야 한다. 자기 포기 훈련은 결국 자기 통제 훈련인 셈이다. 이렇게 마음이 건강한 탄력성을 회복하면, 우리는 다른 사람들이 두려워하는 것을 감히 할 수 있는 용기를 갖게 된다. 또한 다른 사람들이 쉽게 그만두지 못하는 것을 용기 있게 그만둘 수도 있다. 이와 같이 자신을 단련하면, 우리는 결코 소진되지 않는다. 모든 사람이 자기를 외칠 때 한 번쯤 자기를 내려놓는 것은 어떨까.

운명과 자유의 균형: 너 자신이 되어라

운명은 인생의 끝자락에 찾아온다. 젊은 시절에는 운명을 얘기하는 경우가 별로 없다. 오히려 운명 대신 자유를 즐겨야 한다고 이야기한다. 자신의 삶을 시작하는 사람들은 스스로 할 수 있는 일이 많을 뿐만 아니라 자신이 원하는 삶을 스스로 만들어 갈 수 있을 것이라 확신한다. 이러한 신념과 확신이 없다면 젊음이라고 말할 수 없을지도 모른다. 그렇지만 살다 보면 자신이 할 수 있는 것이 별로 없을 뿐만 아니라 마치 삶이 이미 결정되어 있는 운명처럼 여겨진다. 운명은 항상 인생이 끝을 향해 있거나 되돌아볼 수 있을 만큼 멀리 나가 있을 때 찾아온다.

운명에 관한 이야기가 있다. 옛날 옛적에 모든 영혼은 이 세상에 태어나기 전에 운명의 여신 라케시스Lachesis를 찾아야 했다. 삶에는 극도로 다양한 운명들이 있으며, 그들이 곧 살아갈 삶은 매우 잔인하고 위험한 일이 될 것이다. 어떤 사람들은 부유하게 태어나 엄청난 힘을 가질 것이고, 어떤 사람들은 빈곤해서 아무런 힘이 없을 것이다. 어떤 사람들은 처음에는 형편이 좋지만 삶의 후반기에는 깊이 추락할 것이다. 어떤 사람들은 강인한 몸에 매우 아름답고 나이 들어서까지 건강하게 살지만, 어떤 사람들은 장애를 갖고 살아갈 것이다. 어떤 사람들은 놀랄 만한 지성을 갖춘 반면, 어떤 사람들은 단순한 것조차 제대로 이해하지 못할 것이다. 짐승들도 원하기만 한다면 자신의 운명을 선택할 수 있다. 개처럼 사는 것이 나쁘지 않을지도 모른다. 아무튼 운명의 여신은 각각의 운명을 종이쪽지에 적어 바닥에 뿌리고는 찾아온 영혼들에게 쪽지 하나를 고르도록 한다. 쪽지에 적힌 내용이 그의 삶을 결정할 것이다.

'운명이 모든 것을 결정한다'는 이런 생각은 플라톤의《국가》10장에서 신화로 서술된다. 오늘날 동화처럼 들리는 이 얘기는 이렇게 계속된다. 모든 쪽지는 하나뿐이며, 모든 운명은 유일무이하다. 한 영혼이 특정한 운명의 쪽지를 뽑고 나면, 다른 영혼은 결코 똑같은 운명을 가질 수 없다. 모든 운명은 정해진 것이다. 물론 시간이 가면 선택 가능성이 점점 더 나빠질지도 모른다. 소위 좋은 운명들이 다 뽑히고 나면 바닥에는 별로 매력적이지 않은 운명의 쪽지들만 남아 있을 것이기 때문이다.

그렇지만 여기서 반전이 일어난다. 어떤 것이 좋은 선택이고 또 어떤 것이 나쁜 선택인지를 어떻게 알 수 있는가? 이 질문이 신화의 핵심이다. 운명이 우리를 특정한 무엇으로 만들지 않는다면, 그것은 운명이 아니다.

절대 권력을 가진 전제 군주의 쪽지를 뽑은 사람은 어떻게 되는가? 아름다운 신체의 운명을 선택한 사람은 어떤 사람이 되는가? 부유한 운명의 쪽지를 집어든 사람은 어떤 삶을 사는가? 전제 군주는 플라톤의 신화가 들려주는 것처럼 살아가면서 온갖 비행을 저지르고 자식마저 잡아먹을지도 모른다. 아름답고 건강한 몸을 선택한 사람은 욕망의 포로가 되어 자신의 영혼을 황폐하게 만들고, 부유한 사람은 자신의 운명을 고마워하지 않고 도덕적으로 타락한 삶을 살지도 모를 일이다.

운명은 구체적인 삶을 통해 비로소 운명이 된다. 운명은 우리가 그것으로부터 무엇인가를 만들어갈 때 비로소 운명이 되는 것이다. 우리가 주어진 운명으로 무엇인가를 하고자 할 때, 비로소 우리의 자유가 시작된다. 프리드리히 니체의 마지막 저서인 자서전 《이 사람을 보라》의 부제가 '사람은 어떻게 본래의 자기가 되는가'인 것이 의미심장하다. 나의 운명은 내가 되어가는 것이다.

운명은 우리가 변화시킬 수 없는 것이다. 내가 한국이라는 나라에서 농부의 아들로 태어난 것은 내가 결정할 수 있는 일이 아니다. 내가 태어나기 전의 내 영혼이 운명의 여신을 찾아가서 뽑은 운명일지도 모른다. '만일 내가 더 좋은 나라, 더 좋은 부모 밑에 태어났더라면'이라는 가정법은 나의 삶에 전혀 도움이 되지 않는다. 운명을 받아들이고, 이 운명으로부터 무엇인가를 만들어가는 것이 결국 내 운명을 결정한다. 내가 결정하는 것이 나의 운명을 실현한다면, 운명을 운명으로 만드는 것은 바로 나의 자유다.

스토아 철학자들은 내가 변화시킬 수 없는 운명에 연연하지 않음으로써 실현할 수 있는 자유를 진지하게 성찰한다. 스토아 철학이 추구하는 내면의 평정심을 유지하려면, 우리에게 닥치는 일들에 대해 '운명론적인 태도'를 취할 필요가 있다. 세네카는 우리 자신을 운명에 내맡기라고 말하고, 에픽테토스는 삶의 연극에서 우리의 역할을 선택할 수 없음을 강조한다. 우리에게 거지 역할이 맡겨졌으면, 우리는 그 역할을 잘 수행해야 한다. 우리는 운명의 여신이 쓴 연극의 역할을 수행할 뿐이다. 일어날 일은 어차피 일어난다면, 일을 우리의 욕망에 맞출 것이 아니라 우리의 욕망을 일에 맞춰야 한다. 간단히 말해 "일들이 일어나는 대로 일어나기를"[1] 바라야 한다는 것이다.

그렇다면 일어날 일에 대해 운명론적인 태도를 취한다는 것은 무엇을 의미하는가? 어차피 일어날 일이라면, 그것에 반기를 드는 것은 본성과 운명에 반하는 일일 뿐만 아니라 비생산적이다. 운명의 명령을 따르지 않으면, 우리는 평정심을 깨뜨리는 비탄과 분노에 빠지게 된다. 비탄, 분노, 공포 때문에 자기 자신을 제대로 보지 못하는 오류를 저지르지 않으려면, 우리가 운명적으로 맞이할 환경에 적응하는 법을 배워야 한다. 우리가 어찌할 수 없는 일, 환경, 그리고 사람들을 기꺼이 받아들여야 한다. 운명의 베틀이 짜놓은 경험을 피하고서는 우리의 삶을 적극적으로 살아갈 수 없다.

물론 우리가 받아들여야 하는 운명은 우리가 선택할 수도 없고 변화시킬 수도 없는 것이다. 일어난 것은 이미 결정된 것이다. 어떤 사람은 농부의 아들로 태어나고 또 어떤 사람은 재벌의 자식으로 태어나는 것은 이미 운명적으로 정해진 것이다. 흙수저냐, 금수저냐를 탓해봐야 인생은 바뀌지 않는다. 그렇지만 일어난 일은 어쩔 수 없이 일어날 수밖에 없었다는 운명 결정론을 믿는다고 하더라도 미래에 대해 운명론적일 필요는 없다.

스토아 철학자들은 이미 일어난 일에 감정적으로 휘둘리지 않는 아파테이아apatheia를 추구하지만, 미래에 일어날 일에 체념해서 '무관심한apathetical' 것은 아니다. 그들은 미래에 일어날 일의 결과에 영향을 주기 위해 적극적으로 일을 한다. 전쟁의 결과가 설령 운명적으로 이미 결정되어 있다고 할지라도 병사들이 전투에서 용감하게 싸우는 것과 같은 이치다. 과거는 결정되었지만, 미래는 아직 결정된 것이 아니기 때문이다. 우리의 삶에서 이룰 수 있는 가장 큰 균형은 어쩌면 과거와 미래, 이미 일어난 일과 아직 일어나지 않은 일, 즉 운명과 자유의 균형일지도 모른다.

여기서 우리는 과거에 대한 운명론과 미래에 대한 운명론을 구별할 필요가 있다.[2] "한번 엎지른 물은 다시 주워 담지 못한다"는 속담처럼 과거에 일어난 일은 되돌릴 수 없다. 스토아 철학이 옹호하는 운명론은 바로 이와 같은 과거에 대한 운명론이다. 이에 반해 미래에 할 일을 결정할 때 우리의 행위가 미래의 일에 아무런 영향을 줄 수 없다는 태도는 '미래에 대한 운명론'이다. 이런 운명론에 빠진 사람들은 미래를 걱정하지 않고, 미래를 바꾸기 위해 노력하지도 않을 것이다. 그들은 주어진 삶을 아무런 의지와 희망 없이 이어나갈 뿐이다. "개천에서 용 난다"는 말이 무색해질 정도로 정의롭지 못한 사회의 불공정한 제도와 구조 때문에 아무리 노력해도 소용이 없다는 의식이 만연하면, 미래에 대한 운명론은 마치 전염병처럼 우리의 영혼을 잠식할 것이다.

스토아 철학이 제안하는 것처럼 '우리가 할 수 있는 것'과 '우리가 할 수 없는 것'을 구별한다면, 우리는 이미 일어난 일에 대해서는 운명론적으로 받아들이고 아직 일어나지 않은 미래에 대해서는 적극적으로 임할 수 있다. 병든 아이를 둔 엄마의 심정을 생각해보라. 설령 운명이 아이의 생명과 죽음을 이미 결정했을지라도, 엄마는 아이를 살리기 위해 최선을 다할 것이다. 하지만 미래에 대한 운명론에 빠지면 엄마는 아이를 살리기 위해 최선을 다하지 않는다. 만약 온갖 노력을 기울였는데도 아이가 죽는다면, 그때 아이의 죽음을 운명론적으로 받아들여야 한다고 스토아 철학자들은 조언한다. 우리가 더 이상 어쩔 수 없는 아이의 죽음에 매달리는 것은 우리 삶의 균형을 깨뜨리기 때문이다.

우리의 삶이 결정되어 있다고 하더라도 우리가 아무것도 할 수 없는 것은 아니다. 우리가 추구하는 자유가 결정론을 부정하지 않는다. 내가 본래의 내가 되어간다는 것은 아무것도 없는 상태에서 나를 만들어내는 것이 아니다. 우리는 공장에서 상품을 찍어내듯이 우리 스스로를 창조하지 않는다. 자기 창조의 재료, 환경과 조건은 이미 운명론적으로 결정되어 있다. 좋은 재능을 가졌지만 불우한 환경에서 태어나 자수성가를 높이 평가하는 사회에서 성장할 수도 있다. 내가 어떤 존재로 살아갈지가 운명의 여신에 의해 이미 쪽지에 적혀 있을지라도, 내가 이 운명으로부터 무엇을 만들어갈 것인지 또는 내가 어떤 존재가 되고 싶은지는 전적으로 나의 자유다. 자유는 운명을 대하는 태도다. 나에게 주어진 운명으로부터 '본래의 자기'를 만들어가는 것이 자유다.

자유는 이렇게 우리에게 주어진 것으로부터 시작한다. 우리에게 주어진 것에는 지금 그리고 여기에서의 순간도 속한다. 현재의 순간 역시 우리가 바꿀 수 있는 것이 아니다. 이런 점에서 스토아 철학은 현재에 대해서도 운명론적인 태도를 취한다. 우리가 지금 마주하는 순간에 대해 우리는 두 가지 태도를 취할 수 있다. 현재의 순간이 '다를 수도 있는데' 하면서 현재를 낭비할 수도 있고, 현재의 순간을 기꺼이 받아들여 그 결과가 미래를 바꿀 수 있기를 바랄 수도 있다. 진정한 운명론은 이미 일어난 과거에 연연하지 말고 미래에 좋은 삶을 실현하기를 간절히 바라면서 현재에 충실하라는 실존적 명령이다.

지금 그리고 여기의 현실에 충실하면, 우리는 끊임없이 균형을 잡아야 하는 문제들과 씨름해야 한다. 무엇이 문제인지를 인식하고, 사고를 통해 판단하고, 감정을 경제적으로 운영함으로써 삶의 균형을 이뤄야 한다.

지금까지 어떻게 삶의 균형을 잡고, 이 땅에서 살아갈 수 있을지를 살펴보았다. 우리가 스스로 통제할 수 없는 것은 우리를 속박하는 운명이 되고, 우리가 스스로 통제할 수 있는 것은 자유로운 삶의 자원이 된다. 운명과 자유의 균형, 그것이 우리의 삶이다. 사람마다 균형을 잡아야 하는 문제가 다르고, 문제에 부딪쳤을 때 균형을 잡는 방법도 다르다. 그러므로 우리는 평생

이어지는 균형 연습을 통해 우리가 되어간다. 이런 점에서 "너의 운명을 사랑하라!"는 니체의 말은 지극히 스토아적이다.

> 인간의 위대함에 대한 내 정신은 아모르 파티amor fati, 운명애다. 앞으로도, 뒤로도, 영원토록 다른 것은 갖기를 원하지 않는다는 것, 필연적인 것을 단순히 감당하기만 하는 것이 아니고 은폐는 더더욱 하지 않으며—모든 이상주의는 필연적인 것 앞에서는 허위다—, 오히려 그것을 사랑하는 것.[9]

자신의 운명을 사랑해야 비로소 우리는 자신이 된다. 내가 나 자신을 사랑하지 않는다면, 그 밖의 누가 나를 사랑한단 말인가. 내가 다른 사람들에게서 사랑받는 사람이 되고자 한다면, 먼저 나 자신을 사랑해야 한다. 그것이 진정한 운명애다. 스토아 철학이 변론하는 운명론은 있는 그대로의 세계와 자기 자신에 대한 적극적인 인정이다. 우리의 상황이 다를 수 있다거나 더 나아질 수 있다고 생각하는 것을 거부한다는 것은 우리 자신을 다른 사람의 상황과 비교하는 것을 거부한다는 의미다. 다른 사람을 보지 않고 나 자신을 볼 때, 우리는 비로소 자유로워진다. 자기 창조를 추구하는 삶의 예술은 우리에게 이렇게 명령한다. '너 자신을 보라!'

운명과 자유의 균형, 그것이 우리의 삶이다.
우리는 평생 이어지는 균형 연습을 통해
우리 자신이 되어간다.

1부

2. 삶을 허용하지 않는 극단의 시대

1) Rosalind Coward, *Female Desire: Women's Sexuality Today*, London: Paladin, 1984, p. 103. 여성주의자인 저자는 이 책에서 처음으로 '푸드 포르노'라는 용어를 사용했다.

2) 이에 관해서는 다음 책을 참조할 것. 디어드리 배릿 지음, 김한영 옮김,《인간은 왜 위험한 자극에 끌리는가: 초정상 자극을 선호하는 인간본능의 비밀》, 이순, 2011.

3. 우리는 표류하고 있다

1) Pierre Bourdieu, *Distinction: A Social Critique of the Judgment of Taste*, London/New York, 1984.

4. 그리스 철학으로 돌아가다

1) Immanuel Kant, *The Philosophical Encyclopaedia*, in: Alexander Nehamas, *The Art of Living: Socratic Reflections from Plato to Foucault*, Berkeley/Los Angeles/London: University of California Press, 2000, vii.

2) 프리드리히 니체 지음, 이진우 옮김, 〈반시대적 고찰 III: 교육자로서의 쇼펜하우어〉,《비극의 탄생·반시대적 고찰》(니체전집 2), 책세상, 2005, 483쪽.

3) Michel Foucault, "On the Genealogy of Ethics: An Overview of the Work in Progress", in *Ethics: Subjectivity and Truth*(Essential works of Michel Foucault 1954-1984 Vol. 1), New York: The New Press, 1997, p. 255.

4) 프리드리히 니체 지음, 이진우 옮김, 〈그리스 비극 시대의 철학〉,《유고(1870
년~1873년)》(니체전집 3), 책세상, 2001, 354쪽.

5) 아리스토텔레스 지음, 강상진·김재홍·이창우 옮김,《니코마코스 윤리학》
(1094a), 길, 2011, 13쪽.

5. 삶은 성격과 감정을 조각한다
1) 아리스토텔레스,《니코마코스 윤리학》(1102b 5), 48쪽.

2) 공자 지음, 이기석 외 옮김, 이가원 감수,《논어》〈학이〉 편, 홍신문화사, 1983,
11쪽.

3) 같은 책, 24~25쪽.

4) 아리스토텔레스,《니코마코스 윤리학》 II.2(1004a 25), 55쪽.

5) 아리스토텔레스,《니코마코스 윤리학》 II.3(1004b 4-9), 56쪽.

6) 아리스토텔레스,《니코마코스 윤리학》 II.3(1004b 12-14), 56쪽.

6. 중용, 중간의 예술
1) 아리스토텔레스,《니코마코스 윤리학》 II.5(1005b 29), 61쪽.

2) 아리스토텔레스,《니코마코스 윤리학》 II.6(1006b 36-1107a 5), 66쪽.

3) 아리스토텔레스,《니코마코스 윤리학》 II.6(1006b 21-23), 65쪽.

4) 아리스토텔레스,《니코마코스 윤리학》 II.2(1004a 6-9), 54쪽.

5) 아리스토텔레스,《니코마코스 윤리학》 II.6(1006a 29-33), 63-64쪽.

7. 극단의 미덕
1) Herfried Münkler, *Mitte und Maß: Der Kampf um die richtige Ordnung*, Berlin:
Rowohlt, 2010, p. 10.

2) 아리스토텔레스,《니코마코스 윤리학》 II.9(1109a 23-25), 75쪽.

3) 아리스토텔레스,《니코마코스 윤리학》 II.9(1109b 1-7), 76쪽.

8. 당신에게는 목적이 있는가

1) 아리스토텔레스,《니코마코스 윤리학》II.9(1109a 30), 75쪽.

2) 아리스토텔레스,《니코마코스 윤리학》IV.2(1122a 25), 131쪽.

3) 이에 관해서는 다음을 볼 것. Wolfgang Kersting, "Einleitung: Die Gegenwart
der Lebenskunst", in Wolfgang Kersting, Claus Langbehn (eds.), *Kritik der
Lebenskunst*, Frankfurt am Main: Suhrkamp, 2007, p. 51.

4) 아리스토텔레스,《니코마코스 윤리학》II.6(1106b 8-14), 64쪽.

5) 아리스토텔레스,《니코마코스 윤리학》II.6(1107a 3-7), 66쪽.

2부

1. 이기주의와 이타주의

1) Thomas Hobbes, *Leviathan*(1651), Chapter 13, Cambridge: Cambridge
University Press, 1996.

2) 피터 싱어 지음, 이재경 옮김,《효율적 이타주의자》, 21세기북스, 2016, 104
쪽.

3) 같은 책, 20~21쪽.

4) Batson C. Daniel, *Altruism in Humans*, New York: Oxford University Press, 2011,
p. 20.

5) 피터 싱어,《효율적 이타주의자》, 139쪽.

2. 화와 분노

1) 아리스토텔레스,《니코마코스 윤리학》IV.5(1126a 8-9), 146쪽.

2) 아리스토텔레스,《니코마코스 윤리학》IV.5(1126b 32-34), 146쪽.

3) 스테판 에셀 지음, 임희근 옮김,《분노하라》, 돌베개, 2011.

4) Martha C. Nussbaum, *Anger and Forgiveness: Resentment, Generosity, Justice*,
New York: Oxford University Press, 2016, p. 6.

5) 아리스토텔레스,《니코마코스 윤리학》IV.5(1126b 34-36), 146쪽.

6) Seneca, "On Anger", I.1, I.2. *Seneca: Moral Essays*, Vol. 2, Translated by John W. Basore, Cambridge, MA: Harvard University Press, 1932.

7) Seneca, "On Anger", III.28.

8) Seneca, "On Anger", II.25.

9) Seneca, "On Anger", III.27.

3. 인정과 모욕

1) J. P. Sartre, *No exit and three other plays*, New York: Vintage International, 1989.

2) Seneca "On the Happy Life", II.4

3) 아리스토텔레스,《니코마코스 윤리학》IV.6(1126b 11-15), 149쪽.

4) 아리스토텔레스,《니코마코스 윤리학》VIII.4(1157b 2-3), 287쪽.

5) Ovul Sezer, Alison Wood Brooks, Michael I. Norton, "Backhanded Compliments: How Negative Compliments Undermine Flattery," Harvard Business School, Working Paper 18-082, August 20, 2019, Available at SSRN: https://ssrn.com/abstract=3439774 or http://dx.doi.org/10.2139/ssrn.3439774. '에두른 칭찬' 또는 '돌려 말하는 칭찬'은 모욕과 칭찬 사이의 경계선을 흐릿하게 만드는 말을 가리킨다.

6) *Aristoteles, Rhetoric*, 1378a31-33. 이에 관해서는 다음을 참조할 것. Martha C. Nussbaum, *Anger And Forgiveness: Resentment, Generosity, Justice*, p. 17.

7) Jerome Neu, *Sticks and Stones: The Philosophy of Insults*, New York: Oxford University Press, 2008, pp. 3-4.

8) Musonius Rufus, *Lectures*, 10(2), *Lectures and Sayings*. Translated with an Introduction by Cynthia King and edited with a Preface by William B. Irvine, CreateSpace, 2011, p. 50.

9) Seneca, "On Firmness", XVI.4.

10) Jerome Neu, *Sticks and Stones: The Philosophy of Insults*, p. 6.

11) Epictetus, *Handbook 20, The Handbook*(The Encheiridion), Translated by

Nicholas P. White, Indianapolis/Cambridge: Hackett Publishing Company, 1983, p. 16.

12) Epictetus, *Handbook* 5, p. 13.

13) Seneca, "On Anger", III.38.

4. 슬픔과 우울

1) Seneca, "To Polybius", XVIII.6, *Seneca: Moral Essays*, Vol. 2, Translated by John W. Basore, Cambridge, MA: Harvard University Press, 1932.

2) Epictetus, *Handbook* 16, p. 15.

3) Epictetus, *Handbook* 16, 같은 곳.

5. 직관과 추론

1) 올리버 예게스 지음, 강희진 옮김,《결정장애 세대》, 미래의창, 2014.

2) 대니얼 카너먼 지음, 이진원 옮김,《생각에 관한 생각》, 김영사, 2012, 32쪽.

3) Herbert A. Simon, "Making management decisions: The role of intuition and emotion", *The Academy of Management Executive* (1987-1989) Vol. 1, No. 1, 1987, p. 63.

4) S.Getzmann, J.Jasny, M.Falkenstein, "Switching of auditory attention in 'cocktail-party' listening: ERP evidence of cueing effects in younger and older adults", *Brain and Cognition*. 111, 2016, pp. 1 – 12.

5) Bob Samples, *Metaphoric Mind: A Celebration of Creative Consciousness*, New York: Addison-Wesley, 1976, p. 26.

6) 프리드리히 니체 지음, 이진우 옮김, 〈비도덕적 의미에서의 진리와 거짓에 관하여〉,《비극적 사유의 탄생》, 문예출판사, 1997, 211쪽.

6. 부분과 전체

1) Aristotle, *Aristoteles' Metaphysik* VIII.6, 1045a, Hamburg: Meiner, 1984, p. 97.

2) Jan C. Smuts, *Holism and Evolution*, New York: Macmillan, 1926, pp. 103-104.

3) Kurt Koffka, *Principles of Gestalt Psychology*, Oxon: Routledge, 1935, p. 176.

7. 수동과 능동

1) 울리히 벡 · 엘리자베트 벡 게른스하임 지음, 강수영 외 옮김, 《사랑은 지독한, 그러나 너무나 정상적인 혼란》, 새물결, 2002.

2) Byung-Chul Han, *Müdigkeitsgesellschaft*, Berlin, 2010, p. 12.

3) Walter Benjamin, *Das Passagen-Werk, Gesammelte Schriften*, Bd. V.1, Frankfurt am Main, 1991, p. 527.

8. 과거와 미래

1) 프리드리히 니체 지음, 이진우 옮김, 〈반시대적 고찰 2-삶에 대한 역사의 공과〉, 《비극의 탄생 · 반시대적 고찰》, 책세상, 2005, 258쪽.

2) 한나 아렌트 지음, 이진우 옮김, 《인간의 조건》, 한길사, 2017. 제5장 33절과 34절을 참조할 것.

3) Philip G. Zimbardo, John Boyd, *The Tim Paradox: The New Psychology of Time That Will Change Your Life*, New York: Simon & Schuster, 2008.

3부

1. 일과 삶

1) Karl Marx, *Ökonomisch-philosophische Manuskripte* (1844), MEW 40, p. 514.

2) 한나 아렌트, 《인간의 조건》, 160쪽.

3) Karl Marx, *Ökonomisch-philosophische Manuskripte*, 같은 곳.

4) Joel Levey, Michelle Levey, *Living Balance: A Mindful Guide for Thriving in a Complex World*, Studio City: Divine Arts, 2014, p. 258.

2. 나이 듦과 죽음

1) Musonius Rufus, *Lectures*, 17.4, p. 70.

2) 프리드리히 니체 지음, 정동호 옮김, 니체편집위원회 감수,《차라투스트라는 이렇게 말했다》(니체전집 13), "자유로운 죽음에 대하여", 책세상, 2000, 116쪽.

3) Epictetus, "Discourses", II.6.

4) Musonius Rufus, "Sayings", 35, 30, 같은 책, pp. 85-85.

5) 프리드리히 니체 지음, 백승영 옮김,《바그너의 경우·우상의 황혼·안티크리스트·이 사람을 보라·디오니소스 송가·니체 대 바그너》(니체전집 15), "우상의 황혼—어느 반시대적 인간의 편력", 책세상, 2002, 171쪽.

6) 프리드리히 니체,《바그너의 경우·우상의 황혼·안티크리스트·이 사람을 보라·디오니소스 송가·니체 대 바그너》(니체전집 15), 172쪽.

3. 외로움과 고독

1) Rebecca Harris, "The Loneliness Epidemic: We're More Connected Than Ever – But Are We feeling More Alone?", *The Independent*, March 30, 2015.

2) Colin Killeen, "Loneliness: An Epidemic in Modern Society", *Journal of Advanced Nursing* 28(1998), pp. 762-770.

3) Lars Svendsen, *Philosophie der Einsamkeit*, Wiesbaden: Berlin University Press, 2016, p. 17.

4) Anthony Storr, *Solitude: A Return to the Self*, New York: Free Press, 2005, p. 21.

5) Arthur Schopenhauer, *Parerga und Paralipomena I: Sämtliche Werke Band IV*, Frankfurt am Main: Suhrkamp, 1986, p. 503.

6) Epictetus, *Discourses: the Discourses as Reported by Arrian, the Manual, and Fragments*, 2vols., Translated by W. A. Oldfather, Cambridge, MA: Harvard University Press, 1925, III.13.

4. 시선과 자유

1) Agam Bansal, Chandan Garg, Abhijith Pakhare, Samiksha Gupta, "Selfies: A boon

or bane?", *Journal of Family Medicine and Primary Care*, 2018 Jul–Aug; 7(4), pp. 828 – 831.

2) David Giles, Donna Rockwell, "Being a Celebrity: A Phenomenology of Fame", *Journal of Phenomenological Psychology*, 40(2), 2009, pp. 178–210, here p. 207.

3) Epictetus, *Handbook* 25, p. 18.

4) Epictetus, *Handbook* 25, 같은 곳.

5) Epictetus, *Handbook* 14, p. 15.

6) Epictetus, *Handbook* 46, p. 26.

7) 마르쿠스 아우렐리우스 지음, 노혜숙 옮김, 《새로 읽는 아우렐리우스 명상록》XI, 13, 세종서적, 2008, 238쪽.

8) 마르쿠스 아우렐리우스, 《새로 읽는 아우렐리우스 명상록》IV, p. 33.

5. 풍요와 빈곤

1) 마가복음, 10장 23~27절.

2) Michael Sandel, *What Money Can't Buy: The Moral Limits of Markets*, New York: Farrar, Straus and Giroux, 2013.

3) Daniel Kahneman, Angus Deaton, "High income improves evaluation of life but not emotional well–being", PNAS Early Edition, September 2010.

4) Seneca, "To Helvia on Consolation", in *Seneca: Moral Essays*, Vol. 2, Translated by John W. Basore, Cambridge, MA: Harvard University Press, 1932, X.6.

5) Seneca, "To Helvia on Consolation", X.10.

6) Epictetus, *The Handbook* 12, p. 14.

7) Epictetus, "Discourses", IV.ix. 2–3.

8) Musonius Rufus, "Sayings", 50, *Lectures and Sayings*. Translated with an Introduction by Cynthia King, edited with a Preface by William B. Irvine, CreateSpace, 2011, p. 91.

9) Sandra C. Matz, Joe J. Gladstone, David Stillwell, "Money buys happiness when spending fits our personality." *Psychological Science*, 2016.

4부

1. 나만의 중심 잡기, 마음 챙김

1) Ellen J. Langer, *Mindfulness*, Cambridge, MA: Merloyd Lawrence Book, 1989, p. 10.

2) 마르쿠스 아우렐리우스, 《새로 읽는 아우렐리우스 명상록》 II, 8, 56쪽.

3) Ellen J. Langer, *Mindfulness*, p.62.

4) Jon Kabat-Zinn, "An outpatient program in behavioral medicine for chronic pain patients based on the practice of mindfulness meditation: Theoretical considerations and preliminary results." In: *General Hospital Psychiatry*, 4(1), 1982, ss. 33-47.

5) 마르쿠스 아우렐리우스, 《새로 읽는 아우렐리우스 명상록》 IV, 3, 80-81쪽.

2. 행복의 조건에 관한 성찰

1) Jeremy Bentham, *An Introduction to the Principles of Morals and Legislation* (Great Books in Philosophy Series), New York: Prometheus Books, 1988, p. 1.

2) 프리드리히 니체 지음, 김정현 옮김, 《선악의 저편 · 도덕의 계보》(니체전집 14) 제7장, 225, 책세상, 2002, 209-210쪽.

3) Seneca, "To Marcia on Consolation", In *Seneca, Moral Essays*. Vol. 2, Translated by John W. Basore, Cambridge, MA: Harvard University Press, 1932, IX, 5.

4) Epictetus, *Discourses: the Discourses as Reported by Arrian, the Manual, and Fragments*. 2vols. Translated by W. A. Oldfather, Cambridge, MA: Harvard University Press, 1925, IV.v.27.

5) Philip Brickman, Dan Coates, Ronnie Janoff-Bulman, "Lottery winners and accident victims: Is happiness relative?", *Journal of Personality and Social Psychology*. 36 (8), 1978, pp. 917-927.

6) Shane Frederick, George Loewenstein, "Hedonic Adaptation", In: *Well-Being: The Foundations of Hedonic Psychology*, edited by Daniel Kahneman, Ed Diener and

Norbert Schwarz, New York: Russell Sage Foundation, 1999, p. 302.

7) William B. Irvine, *A Guide to the Good Life: The Ancient Art of Stoic Joy*, Oxford/New York: Oxford University Press, 2009, p. 67−68.

8) Epictetus, *Discourses*, II. xxiv. 86, 88.

9) Seneca, "Ad Marcia", I.7, IX.2, X.3.

3. 할 수 있는 것과 할 수 없는 것

1) Epictetus, *Handbook*, 1.

2) Epictetus, "Discourses", III.xv.12.

3) 이에 관해서는 다음을 볼 것. William B. Irvine, *A Guide to the Good Life: The Ancient Art of Stoic Joy*, Oxford/New York: Oxford University Press, 2009, p. 97.

4. 자기 포기와 자기 발견

1) Christina Maslach & Michael Leiter, *The Truth About Burnout*, San Francisco: Jossey Bass, 1997, p. 1.

2) Graham Greene, *A Burnt-Out Case*, London: Penguin Books, 1975, p. 16.

3) Graham Greene, *A Burnt-Out Case*, 1975, p. 44.

4) Seneca, *Ad Lucilium*, XVIII. 5−6.

나가며

1) Epictetus, *Handbook* 8, p. 13.

2) 이에 관해서는 다음을 볼 것. William B. Irvine, *A Guide to the Good Life: The Ancient Art of Stoic Joy*, Oxford/New York: Oxford University Press, p. 104.

3) 프리드리히 니체, 《바그너의 경우·우상의 황혼·안티크리스트·이 사람을 보라·디오니소스 송가·니체 대 바그너》(니체전집 15), "이 사람을 보라—나는 왜 이렇게 영리한지", 373~374쪽.

균형이라는 삶의 기술

어떻게 인생의 중심을 지킬 것인가

초판 1쇄 2020년 12월 21일
초판 2쇄 2022년 7월 11일

지은이 | 이진우

발행인 | 문태진
본부장 | 서금선
편집2팀 | 임은선 이보람 정희경
교정 | 최양순 윤정숙   디자인 | 정은경디자인

기획편집팀 | 한성수 허문선 이준환 송현경 이은지 백지윤   저작권팀 | 정선주
마케팅팀 | 김동준 이재성 문무현 김윤희 김혜민 김은지 이선호 조용환   디자인팀 | 김현철
경영지원팀 | 노강희 윤현성 정헌준 조샘 조희연 김기현 이하늘
강연팀 | 장진항 조은빛 강유정 신유리 김수연

펴낸곳 | ㈜인플루엔셜
출판신고 | 2012년 5월 18일 제300-2012-1043호
주소 | (06619) 서울특별시 서초구 서초대로 398 BnK디지털타워 11층
전화 | 02)720-1034(기획편집) 02)720-1024(마케팅) 02)720-1042(강연섭외)
팩스 | 02)720-1043 전자우편 | books@influential.co.kr
홈페이지 | www.influential.co.kr

ⓒ 이진우, 2020
ISBN 979-11-91056-34-1 (03100)